MP3 다운로드 방법

컴퓨터에서 ● 네이버 블로그 주소란에 **www.lancom.co.kr**을 입력 또는
네이버 블로그 검색창에 **랭컴**을 입력하신 후 다운로드

● **www.webhard.co.kr**에서 직접 다운로드
아이디 : lancombook
패스워드 : lancombook

스마트폰에서 **콜롬북스 앱**을 통해서 본문 전체가 녹음된
MP3 파일을 **무료**로 **다운로드**할 수 있습니다.

COLUM BOOKS

● 구글플레이 · 앱스토어에서 **콜롬북스 앱** 다운로드 및 설치
● 이메일로 회원 가입 → **도서명** 또는 **랭컴** 검색 → **MP3 다운로드**

원하시는 책을
바로 구매할 수
있습니다.

전체 파일을
한 번에 저장할
수 있습니다.

App Store ●●○○○ LTE 오후 1:20 ⚷ 100%

← (The) 왕초보 영어회화 독학노트 책구매

(The) 왕초보 영어회화 독학노트
이서영

MP3 다운로드

책소개

쓰기로 완성하는 The 왕초보 영어회화 독학노트

최근에 학습자의 수준과 학습 능력에 맞춘 쓰기의 중요성이 새
롭게 부각되고 있는 것은 절대로 우연이 아니다. 눈으로 보고 귀
로 듣는 것보다 손으로 쓰는 것을 우리의 뇌가 훨씬 더 오래 기억

App Store ●●○○○ LTE 오후 1:20 ⚷ 100%

← (The) 왕초보 영어회화 독학… 재생하기 전체저장

총 120개 전체 127.5MB

본문 001.mp3 - The 왕초보 영어회화 독학노트 1.5MB

본문 002.mp3 - The 왕초보 영어회화 독학노트 1.0MB

본문 003.mp3 - The 왕초보 영어회화 독학노트 1.2MB

본문 004.mp3 - The 왕초보 영어회화 독학노트 1.2MB

본문 005.mp3 - The 왕초보 영어회화 독학노트 1.2MB

본문 006.mp3 - The 왕초보 영어회화 독학노트 1.0MB

본문 007.mp3 - The 왕초보 영어회화 독학노트 1.1MB

쓰면서 배우는 **독학 영어 워크북**

쓰면서 배우는 독학 영어 워크북

2019년 11월 05일 초판 1쇄 인쇄
2019년 11월 10일 초판 1쇄 발행

지은이 이서영
발행인 손건
편집기획 김상배, 장수경
마케팅 이언영
디자인 이성세
제작 최승용
인쇄 선경프린테크

발행처 LanCom 랭컴
주소 서울시 영등포구 영신로38길 17
등록번호 제 312-2006-00060호
전화 02) 2636-0895
팩스 02) 2636-0896
홈페이지 www.lancom.co.kr

ⓒ 랭컴 2019
ISBN 979-11-89204-51-8 13740

쓰면서 배우는

독학
영어
워크북

이서영 지음

LanCom
Language & Communication

영어는 어순 중심의 언어!

우리말은 ~이, ~가, ~는, ~을 등의 조사가 붙어 문장의 의미가 성립되지만, 영어는 조사 없이 어순에 의해 의미가 결정되는 언어입니다. 그래서 우리말 문장에서는 단어의 순서를 바꾸어도 의미가 크게 달라지지 않고 무슨 말인지 대충 뜻이 통하지만 영어는 어순이 바뀌면 뜻이 완전히 변하고, 심지어는 전혀 말이 되지 않는 경우도 많습니다.

소년(이) 사과(를) 먹었다. = 사과(를) 소년(이) 먹었다.

The boy ate an apple. 소년(이) 사과(를) 먹었다.

An apple ate the boy. 사과(가) 소년(을) 먹었다.

영어 문장은 형식이 아닌 '어순'의 개념으로 익히고 이해해야 합니다. 우리가 모국어로 말하면서 억지로 문장의 순서를 머릿속에서 조합하는 것이 아니라 체화에 의해 자연스럽게 나오는 것처럼 영어도 무조건 외울 게 아니라 먼저 영어의 어순 개념을 이해하고 충분한 연습을 통해 익숙해지도록 해야 합니다.

동사는 문장의 핵심이다!

영어는 동사 중심의 언어입니다. 문장의 성분 가운데 어느 것이 중요하고 어느 것은 덜 중요하다고 할 수 없지만 영어에서 동사는 매우 중요한 역할을 합니다. 동사가 영어 문장에서 중요한 이유는 단어 하나만으로도 의미를 전달할 수 있고, 문장에 대한 가장 많은 정보를 전달하는 것도 동사이기 때문입니다.

동사의 모양을 보면 주어가 몇 인칭인지, 시제가 현재인지 과거인지 미래인지, 능동인지 수동인지, 문장이 실제 일어나고 있는 일인지 가정해서 말하는 것인지 알 수 있습니다.

영어는 복잡해 보이지만 언어라는 것이 아무렇게나 만들어진 것이 아니고 오랫동안 사용되어 오면서 어렵고 잘 쓰지 않는 것은 사라지고 더 사용하기 편

하고 배우기 쉽도록 변하게 되어 있습니다. 물론 예외라는 것은 어느 언어에나 조금씩은 존재하기 마련입니다.

영어는 그렇게 어려운 언어가 아닙니다. 우리말에 대한 개념이 이미 잡혀 있다면 더 배우기 쉬울 수도 있습니다. 가장 기본적인 문법을 토대로 영어의 어순을 문장을 통해 반복적으로 연습하다 보면 영어적인 발상을 통해 자연스럽게 문장을 만들 수 있게 될 것입니다.

이책의 구성 및 특징

1. 기본적인 문법사항만 익힙니다.

외국어 학습에서 가장 기본이 되는 문법은 필수 사항입니다. 영어 문장을 이해하고 만드는 데 꼭 필요한 기본적인 문법 사항만 정리해 두었습니다. 자세한 문법 사항을 제시하기보다는 기본적인 개념을 습득하고 문장을 활용하는 데 도움이 되는 사항에 중점을 두었습니다.

2. 문장을 패턴화하여 체계적으로 기억합니다.

어려운 문법 용어를 최소한으로 사용하면서 영어 문장의 구조를 패턴으로 공식화하여 긍정문과 부정문, 의문문 등 변형된 문장의 형식들을 쉽게 이해하고 기억할 수 있습니다.

3. 체화를 위한 충분한 연습 공간

이 책은 기본서이자 곧 연습노트이기도 합니다. 반복되는 패턴을 가지고 계속 변형된 문장을 읽고 듣고 쓰면서 어려운 문법을 쉽고 빠르게 익힐 수 있습니다. 영어 공부는 읽기와 듣기도 중요하지만 손으로 쓰는 것은 훨씬 더 중요합니다. 첨부된 쓰기 노트를 활용하여 수동적인 영어 공부에서 능동적인 영어 공부로 영어 공부의 완성을 위해 달려가세요!

이 책 의 내 용

PART 03

동사의 진행형

PART 04

의문사 etc.

PART 05

조동사

PART 06

비교급과 최상급 etc.

PART 07

완료시제 etc.

>> 알파벳과 단어 읽는 법 <<

ㄱ + ㅐ → 개

[기역]   [애]   [개]

d + o + g → dog

[디]   [오]   [지]   [독]

우리말에 '개'를 '기역, 애'라고 따로 떼어서 읽지 않듯이 영어에서도 dog을 '디, 오, 지'라고 읽지 않고 '독'이라고 읽습니다.

알파벳은 '소리'를 나타내는 문자입니다. 그러므로 '문자 그 자체'를 읽는 것이 아니라, 그 문자가 '단어의 일부 되었을 때 읽는 법'을 아는 것이 매우 중요합니다. 즉, 우리말에서 ㄱ, ㄴ, ㄷ, ㄹ... 등의 자음과 ㅏ, ㅑ, ㅓ, ㅕ, ㅗ, ㅛ... 등의 모음이 합쳐져 하나의 음절을 이루고, 그 음절이 모여 단어가 되듯이 영어도 위의 예처럼 마찬가지입니다.

🔊 모음

A a	E e	I i	O o	U u
map	**pen**	**sit**	**toy**	**cup**
[맵]	[펜]	[씻]	[토이]	[컵]
지도	펜	앉다	장난감	컵

◀» 자음

B b	**b**oy [보이] 소년	C c	**c**at [캣] 고양이	D d	**d**uck [덕] 오리
F f	**f**ish [피쉬] 물고기	G g	**g**irl [걸] 소녀	H h	**h**at [햇] 모자
J j	**j**elly [젤리] 젤리	K k	**k**ing [킹] 왕	L l	**l**ion [라이언] 사자
M m	**m**oney [머니] 돈	N n	**n**ame [네임] 이름	P p	**p**ig [피그] 돼지
Q q	**q**ueen [퀸] 여왕	R r	**r**ock [락] 바위	S s	**s**un [썬] 태양
T t	**t**iger [타이거] 호랑이	V v	**v**ase [베이스] 꽃병	W w	**w**indow [윈도우] 창문
X x	bo**x** [박스] 박스	Y y	**y**ellow [엘로우] 노랑	Z z	**z**oo [주] 동물원

◀» 다음 알파벳은 위의 소릿값과 다르게 읽는 경우도 있습니다.

C c	**c**ity [씨티] 도시	G g	oran**g**e [오린쥐] 오렌지	S s	ro**s**e [로즈] 장미

PART 01

be동사

현재형

과거형

미래형

기초 영문법 따라잡기 → be동사

1 be동사가 뭐야?

be동사는 우리말의 '이다, **존재하다, 있다**'에 해당하는 영어의 동사 중 하나로, 주어(문장의 주인 공)의 움직임이 아닌 **상태를 나타내는 동사**입니다. be동사는 동사 중에서도 많이 쓰이며 종류로는 am, are, is가 있습니다. 주어와 be동사만으로 문장이 이루어질 수 없기 때문에 반드시 형용사나 명사가 be동사 뒤에 와서 주어의 상태를 보충 설명해줍니다.

> 주어 + be동사 + **형용사** 또는 **명사**
> └→ 주어가 어떤 상태인지, 어떤 것인지, 혹은 누구인지 보충설명

다음 문장을 자세히 살펴볼까요!

> I + **am** 나는 ~이다. → 어라 나는 뭐지? 이 문장만으로는 주어가 어떤 상태인지 알 수가 없다!
> 주어　동사
>
> I + am + **brave**. 나는 용감하다. ／ I + am + a **student**. 나는 학생이다.
> 　　　　형용사　　　　　　　　　　　　　　　　명사

위의 문장에서 형용사 brave(용감한) 혹은 명사 student(학생)가 와서 주어 I의 상태, 직업 등을 설명해주고 있습니다. I am만으로 완전한 문장이 되는 경우도 있는데 이는 질문에 대한 대답에서만 가능합니다.

　　질문 : Are you a student? 넌 학생이니?　　대답 : Yes, I am (a student). 네, 맞습니다.

여기서는 Yes, I am.으로 대답할 수 있지만 그 뒤에 (a student)가 생략되어 있음을 알 수 있습니다. 또한 be동사는 '있다'라는 뜻으로도 쓰입니다.

　　NN I am here. 나는 여기에 있습니다.　　　　　She's in Jong-ro. 그녀는 종로에 있습니다.

2 be동사의 변화형

be동사는 am, are, is라는 여러가지 분신이 있습니다. be동사는 시제(현재, 과거, 미래 시간의 범주)와 문장의 형태에 따라서 다르게 변신하여 사용되며, be동사 원형 그대로 쓰이기도 합니다.

원형	현재형	과거형	과거분사형
be	am, are, is	was, were	been

문장 속에서 be동사의 다양한 쓰임을 살펴보면,

❶ 진행형에서 'be동사 + 동사ing'의 형태로 '~하는 중이다'

I **am** study**ing**. 나는 공부 중이다.

❷ 수동형에서 'be동사 + 동사의 과거분사형'의 형태로 '~되었다'

My purse **was stolen**. 내 지갑을 도둑맞았다.

❸ 조동사 뒤나 명령형에서는 원형으로 쓰입니다.

I will **be** a teacher. 나는 선생님이 될 거야. / **Be** quiet! 조용히 해.

너무 어렵다고요? be동사는 부르는 곳이 많아서 모양을 바꿔가며 여기저기 참 많이 쓰입니다. 일단 be동사의 형태만 알아 두고 나중에 문장에서 자세하게 익혀보세요.

3 인칭에 따른 be동사의 변화

주어는 가리키는 대상별로 1인칭, 2인칭, 3인칭으로 나눌 수 있는데 인칭(사람을 가리키는 범주)에 따라 쓰이는 be동사의 모양이 달라집니다. 여기서 단수는 '하나 복수는 '여럿 을 가리킵니다. 문장을 활용할 때 반드시 알고 있어야 하므로 꼭 암기해 주세요.

단수	1인칭	I (나)	am	복수	1인칭	We (우리들)	are
	2인칭	You (너, 당신)	are		2인칭	You (당신들)	are
	3인칭	He (그, 그 남자)	is		3인칭	They (그들, 그것들)	are
		She (그녀, 그 여자)					
		It (그것)					

be동사는 주어와 함께 아래와 같이 줄여 쓸 수 있습니다. 실제 회화에서는 축약형을 많이 사용합니다.

I am = I'm   We are = We're   You are = You're
You are = You're   He is = He's   She is = She's
They are = They're It is = It's

001 ···은 ~이에요[해요]

주어 + be동사(현재형) ~. (현재형 긍정문)

 의미 확인하면서 읽기

 듣기

나는 학생입니다.

I am a student.

아이 엠 어 스튜던트

당신은 선생이군요.

You are a teacher.

유 알 어 티처

You are → You're

그는 제빵사예요.

He is a baker.

히 이즈 어 베이커

He is → He's

그녀는 요리사예요.

She is a cook.

쉬 이즈 어 쿡

She is → She's

우리는 뚱뚱해요.

We are fat.

위 알 팻

fat 뚱뚱한, 살찐 / We are → We're

그들은 키가 커요.

They are tall.

데이 알 톨

tall 키 큰 / They are → They're

세 번 쓰고 외우기

말하기

✎ I am a student.

✎ You are a teacher.

✎ He is a baker.

✎ She is a cook.

✎ We are fat.

✎ They are tall.

Conversation

A : Who is that man?
B : He is a baker.
저 남자는 누구예요?
그는 제빵사예요.

 의미 확인하면서 읽기

 듣기

나는 학생이 아니에요.

I am not a student.

아이 엠 낫 어 스튜던트

am not은 줄여 쓸 수 없다

당신은 선생이 아니군요.

You are not a teacher.

유 알 낫 어 티처

are not → aren't

그는 제빵사가 아니에요.

He is not a baker.

히 이즈 낫 어 베이커

is not → isn't

그녀는 요리사가 아니에요.

She is not a cook.

쉬 이즈 낫 어 쿡

우리는 뚱뚱하지 않아요.

We are not fat.

위 알 낫 팻

그들은 키가 크지 않아요.

They are not tall.

데이 알 낫 톨

세 번 쓰고 외우기

✎ I am not a student. 👄✔ 👄 👄

_____

✎ You are not a teacher. 👄 👄 👄

_____

✎ He is not a baker. 👄 👄 👄

_____

✎ She is not a cook. 👄 👄 👄

_____

✎ We are not fat. 👄 👄 👄

_____

✎ They are not tall. 👄 👄 👄

_____

Conversation

A : I am not happy.
B : Why? What happened?
  나는 행복하지 않아요.
  왜? 무슨 일 있어요?

003 …은 ~이에요[해요]?

be동사(현재형) + 주어 ~? (현재형 의문문)

 의미 확인하면서 읽기

 듣기

학생이에요?

Are you a student?

알 유 어 스튜던트

*be동사의 의문문 만드는 방법은

그녀는 선생입니까?

Is she a teacher?

이즈 쉬 어 티처

be동사를 문장 맨 앞으로 보내고

그는 제빵사인가요?

Is he a baker?

이즈 히 어 베이커

문장 끝에 물음표를 붙이기만 하면 끝!

그녀는 요리사예요?

Is she a cook?

이즈 쉬 어 쿡

*be동사 의문문에 대답은

그는 뚱뚱해요?

Is he fat?

이즈 히 팻

Yes, No로 하면 되는데

그들은 키가 커요?

Are they tall?

알 데이 톨

주어를 대명사로 바꾼다는 것!

세 번 쓰고 외우기

✏ Are you a student?

✏ Is she a teacher?

✏ Is he a baker?

✏ Is she a cook?

✏ Is he fat?

✏ Are they tall?

Conversation

A: **Are you a student?**
B: **Yes, I am.**
학생이에요?
네, 그래요.

004 …은 ~아니에요[안 해요]?

be동사(현재형) + not + 주어 ~? (현재형 부정의문문)

 의미 확인하면서 읽기

 듣기

학생이 아니에요?

Aren't you a student?

안츄 어 스튜던트

aren't = are not

몸이 좋지 않으세요?

Aren't you feeling well?

안츄 필링 웰

그녀는 선생이 아니에요?

Isn't she a teacher?

이즌ㅌ 쉬 어 티처

isn't = is not

테이블 위에 없어요?

Isn't it on the table?

이즌ㅌ 잇 온 더 테이블

아이가 너무 귀엽지 않니?

Isn't the baby the sweet thing?

이즌ㅌ 더 베이비 더 스윗 씽

가격이 좀 비싸지 않아요?

Isn't the price a bit high?

이즌ㅌ 더 프라이스 어 빗 하이

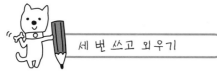

세 번 쓰고 외우기

말하기

✎ Aren't you a student?

✎ Aren't you feeling well?

✎ Isn't she a teacher?

✎ Isn't it on the table?

✎ Isn't the baby the sweet thing?

✎ Isn't the price a bit high?

Conversation

A: **Aren't you hot?**
B: **Yes, I am.**
덥지 않니?
응, 더워

25

005 ···은 ~이었어요[했어요]

주어 + be동사(과거형) ~. (과거형 긍정문)

 의미 확인하면서 읽기

 듣기

나는 학생이었어요.

I was a student.

아이 워즈 어 스튜던트

1인칭단수(I)일 때는 was

당신은 선생이었죠.

You were a teacher.

유 워ㄹ 어 티처

2인칭(you)일 때는 were

그는 제빵사였어요.

He was a baker.

히 워즈 어 베이커

3인칭 단수(he, she, it)일 때는 was

그녀는 요리사였어요.

She was a cook.

쉬 워즈 어 쿡

그는 뚱뚱했어요.

He was fat.

히 워즈 팻

그들은 키가 컸어요.

They were tall.

데이 워ㄹ 톨

복수(we, you, they)일 때는 were

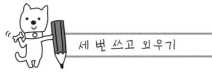

세 번 쓰고 외우기

✏ I was a student. ⊜ ⊜ ⊜

✏ You were a teacher. ⊜ ⊜ ⊜

✏ He was a baker. ⊜ ⊜ ⊜

✏ She was a cook. ⊜ ⊜ ⊜

✏ He was fat. ⊜ ⊜ ⊜

✏ They were tall. ⊜ ⊜ ⊜

Conversation

A: Why didn't you come to the party?
B: Sorry, I was busy.
왜 파티에 안 왔니?
미안, 바빴어.

의미 확인하면서 읽기

 듣기

나는 학생이 아니었어요.

I **was not** a student.
아이 워즈 낫 어 스튜던트

was not → wasn't

당신은 선생이 아니었군요.

You **were not** a teacher.
유 워르 낫 어 티처

were not → weren't

그는 제빵사가 아니었어요.

He **was not** a baker.
히 워즈 낫 어 베이커

그녀는 요리사가 아니었어요.

She **was not** a cook.
쉬 워즈 낫 어 쿡

그는 뚱뚱하지 않았어요.

He **was not** fat.
히 워즈 낫 팻

그들은 키가 크지 않았어요.

They **were not** tall.
데이 워르 낫 톨

세 번 쓰고 외우기

말하기

✎ I was not a student.

✎ You were not a teacher.

✎ He was not a baker.

✎ She was not a cook.

✎ He was not fat.

✎ They were not tall.

Conversation

A: He was fat, wasn't he?
B: No, he was not fat.
그는 뚱뚱했어, 그렇지 않니?
아니야, 그는 뚱뚱하지 않았어.

007 …은 ~이었어요[했어요]?

be동사(과거형) + 주어 ~? (과거형 의문문)

 의미 확인하면서 읽기

 듣기

당신은 선생이었나요?

Were you a teacher?

워르 유 어 티처

be동사 과거형 의문문도 were, was를 문장 맨 앞에 두면 OK!

그는 제빵사였나요?

Was he a baker?

워즈 히 어 베이커

그녀는 가수였어요?

Was she a singer?

워즈 쉬 어 싱어

그녀는 요리사였어요?

Was she a cook?

워즈 쉬 어 쿡

그는 뚱뚱했어요?

Was he fat?

워즈 히 팻

그들은 키가 컸어요?

Were they tall?

워르 데이 톨

말하기

✎ Were you a teacher?

✎ Was he a baker?

✎ Was she a singer?

✎ Was she a cook?

✎ Was he fat?

✎ Were they tall?

Conversation

A: Was she a singer?
B: Yes, she was a famous singer.
그녀는 가수였어요?
네, 유명한 가수였어요.

008 ···은 ~아니었어요[하지 않았어요]?

be동사(과거형) + not + 주어 ~? (과거형 부정의문문)

의미 확인하면서 읽기

듣기

당신은 선생이 아니었어요?

Weren't you a teacher?

원ㅌ 유 어 티처

Weren't = Were not

그는 제빵사가 아니었나요?

Wasn't he a baker?

워즌ㅌ 히 어 베이커

Wasn't = was not

그녀는 가수가 아니었어요?

Wasn't she a singer?

워즌ㅌ 쉬 어 싱어

그녀는 요리사가 아니었어요?

Wasn't she a cook?

워즌ㅌ 쉬 어 쿡

그는 뚱뚱하지 않았어요?

Wasn't he fat?

워즌ㅌ 히 팻

그들은 키가 크지 않았어요?

Weren't they tall?

원ㅌ 데이 톨

세 번 쓰고 외우기

말하기

✎ Weren't you a teacher?

✎ Wasn't he a baker?

✎ Wasn't she a singer?

✎ Wasn't she a cook?

✎ Wasn't he fat?

✎ Weren't they tall?

Conversation

A: Weren't you an English teacher?
B: Yes, I was a history teacher.
당신은 영어 선생이 아니었어요?
예, 역사 선생이었어요.

33

…은 ~이 될 거예요[할 거예요]

주어 + will be ~. (미래형 긍정문)

 의미 확인하면서 읽기

 듣기

나는 훌륭한 학생이 될 거예요.

I will be a good student.

아이 윌 비 어 굿 스튜던트

*미래를 나타낼 때는 조동사 will을 쓴다

당신은 좋은 선생이 될 거예요.

You will be a good teacher.

유 윌 비 어 굿 티처

*조동사 뒤에는 동사 원형을 오므로 will be가 된다

그는 제빵사가 될 거예요.

He will be a baker.

히 윌 비 어 베이커

*조동사 will에는 강한 의지, 고집, 습관, 습성 등이 들어 있다

그녀는 요리사가 될 거예요.

She will be a cook.

쉬 윌 비 어 쿡

나는 행복할 거예요.

I'll be happy.

아윌 비 해피

I'll = I will

그녀는 늦을 거예요.

She'll be late.

쉬윌 비 레잇

She will = She'll

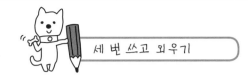

세 번 쓰고 외우기

 말하기

✎ I will be a good student.

✎ You will be a good teacher.

✎ He will be a baker.

✎ She will be a cook.

✎ I'll be happy.

✎ She'll be late.

Conversation

A: I want to be a teacher.
B: Great! You will be a good teacher.
나는 선생님이 되고 싶어요.
훌륭해요! 당신은 좋은 선생이 될 거예요.

…은 ~이 되지 못할 거예요[하지 않을 거예요]

주어 + will not[won't] be ~. (미래형 부정문)

의미 확인하면서 읽기

 듣기

나는 훌륭한 학생이 되지 못할 거예요.

I will not be a good student.

아이 윌 낫 비 어 굿 스튜던트

당신은 좋은 선생이 되지 못할 거예요.

You will not be a good teacher.

유 윌 낫 비 어 굿 티처

그는 제빵사가 되지 못할 거예요.

He will not be a baker.

히 윌 낫 비 어 베이커

그녀는 요리사가 되지 못할 거예요.

She will not be a cook.

쉬 윌 낫 비 어 쿡

오래 걸리지 않을 거예요.

I won't be long.

아이 오운ㅌ 비 롱

will not → won't

그들은 늦지 않을 거예요.

They won't be late.

데이 오운ㅌ 비 레잇

세 번 쓰고 외우기

 말하기

✎ I will not be a good student.　　　　　　　　☑😑 😑 😑

✎ You will not be a good teacher.　　　　　　　😑 😑 😑

✎ He will not be a baker.　　　　　　　　　　　😑 😑 😑

✎ She will not be a cook.　　　　　　　　　　　😑 😑 😑

✎ I won't be long.　　　　　　　　　　　　　　😑 😑 😑

✎ They won't be late.　　　　　　　　　　　　　😑 😑 😑

Conversation

A: In the afternoon, there is a heavy traffic jam.
B: They won't be here in time.

오후에는 교통체증이 심해요.
그들은 제시간에 여기 오지 못하겠군요.

011 …은 ~되겠죠[하겠죠]?

Will + 주어 + be ~? (미래형 의문문)

 의미 확인하면서 읽기

 듣기

당신은 선생이 되겠죠?

Will you be a teacher?

월 유 비 어 티처

*조동사 will 다음에는 오는 동사는 주어 인칭의 영향을 받지 않는다

그는 제빵사가 될까요?

Will he be a baker?

월 히 비 어 베이커

그녀는 가수가 되겠죠?

Will she be a singer?

월 쉬 비 어 싱어

그녀는 요리사가 될까요?

Will she be a cook?

월 쉬 비 어 쿡

그는 바빠지겠죠?

Will he be busy?

월 히 비 비지

그들은 늦겠죠?

Will they be late?

월 데이 비 레잇

✎ Will you be a teacher?

✎ Will he be a baker?

✎ Will she be a singer?

✎ Will she be a cook?

✎ Will he be busy?

✎ Will they be late?

Conversation

A: Will you be late?
B: I expect so.
늦을 거예요?
아마 그럴 거예요.

39

…은 ~입니다

This[That/It] + be동사 ~. (지시사 단수)

의미 확인하면서 읽기

듣기

이것은 펜입니다.

This is a pen.

디스 이즈 어 펜

this 이것

이것은 책입니다.

This is a book.

디스 이즈 어 북

저것은 책상입니다.

That is a desk.

댓 이즈 어 데스크

that 저것

그것은 의자입니다.

It is a chair.

잇 이즈 어 체어

it 그것

저것은 사과입니다.

That is an apple.

댓 이즈 언 애플

그것은 배입니다.

It is a pear.

잇 이즈 어 페어

말하기

This is a pen.

This is a book.

That is a desk.

It is a chair.

That is an apple.

It is a pear.

Conversation

A: What's that?
B: It's a peach.
그게 뭐예요?
복숭아예요.

…은 ~입니다

These[Those] + be동사 ~. (지시사 복수)

의미 확인하면서 읽기

듣기

이것들은 펜입니다.

These are pens.

디즈 알 펜즈

this 이것 → these 이것들

이것들은 책입니다.

These are books.

디즈 알 북스

이것들은 책상입니다.

These are desks.

디즈 알 데스크스

저것들은 의자입니다.

Those are chairs.

도즈 알 체어즈

that 저것 → those 저것들

저것들은 사과입니다.

Those are apples.

도즈 알 애플즈

저것들은 배입니다.

Those are pears.

도즈 알 페어즈

세 번 쓰고 외우기

말하기

✏ These are pens.

✏ These are books.

✏ These are desks.

✏ Those are chairs.

✏ Those are apples.

✏ Those are pears.

Conversation

A: What are those?
B: Those are apples.
저것들은 뭐예요?
저것들은 사과예요.

014

⋯은 ⋯의 ~입니다
주어 + be동사 + 소유격 ~.

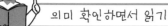
의미 확인하면서 읽기

듣기

이것은 내 펜입니다.

This is my pen.
디스 이즈 마이 펜

*I 나는 / my 나의 / me 나를 / mine 나의 것

저것은 당신의 펜입니다.

That is your pen.
댓 이즈 유얼 펜

*you 당신은 / your 당신의 / you 당신을 / yours 당신의 것

그것은 그의 책상입니다.

It is his desk.
잇 이즈 히즈 데스크

*he 그는 / his 그의 / him 그를 / his 그의 것

그것은 그녀의 의자입니다.

It is her chair.
잇 이즈 헐 체어

*she 그녀는 / her 그녀의 / her 그녀를 / hers 그녀의 것

이것들은 우리의 사과입니다.

These are our apples.
디즈 알 아워 애플즈

*we 우리는 / our 우리의 / us 우리를 / ours 우리의 것

저것들은 그들의 배입니다.

Those are their pears.
도즈 알 데어 페어즈

*복수 they 그들은 / their 그들의 / them 그들을 / theirs 그들의 것

세 번 쓰고 외우기

 말하기

This is my pen.

That is your pen.

It is his desk.

It is her chair.

These are our apples.

Those are their pears.

Conversation

A: Whose bike is this?
B: It's my bike.
이건 누구 자전거야?
내 자전거야.

…은 (어디에) 있어요

주어 + be동사 + 장소를 나타내는 어구

 의미 확인하면서 읽기

 듣기

나 여기 있어요.

I am here.

아이 엠 히얼

*be동사 뒤에 장소를 나타내는 어구가 오면 존재를 나타낸다

당신은 거기에 있군요.

You are there.

유 알 데얼

here 여기, 이쪽 → there 거기, 저기, 저쪽

그는 자기 사무실에 있어요.

He is in his office.

히 이즈 인 히즈 오피스

office 사무실

그들은 집에 있어요.

They are at home.

데이 알 앳 홈

home 집, 가정

그녀는 자기 방에 있어요.

She is in her room.

쉬 이즈 인 헐 룸

room 방

그것은 저쪽에 있어요.

It is over there.

잇 이즈 오버 데얼

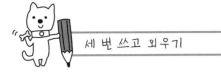

세 번 쓰고 외우기

말하기

✎ I am here.

✎ You are there.

✎ He is in his office.

✎ They are at home.

✎ She is in her room.

✎ It is over there.

Conversation

A: Daddy, where are you?
B: I am in the living room now.
아빠, 어디 계세요?
나 지금 거실에 있어.

47

016 ~이[가] 있어요

There + be동사 ~.

의미 확인하면서 읽기

듣기

책이 한 권 있어요.

There is a book.

데얼 이즈 어 북

*There is + 단수명사 ~이(가) 있다

사과가 한 개 있어요.

There is an apple.

데얼 이즈 언 애플

*There is는 There's로 줄여 쓸 수 있다

펜이 하나 있어요.

There is a pen.

데얼 이즈 어 펜

*Is／Are there ~? ~이(가) 있습니까?

책상이 하나 있어요.

There is a desk.

데얼 이즈 어 데스크

의자가 몇 개 있어요.

There are several chairs.

데얼 알 세브럴 체어즈

*There are + 복수명사 ~이(가) 있다

사과가 조금 있어요.

There are some apples.

데얼 알 썸 애플즈

*There are는 There're로 줄여 쓸 수 있다

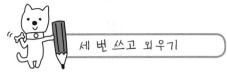
✎ There is a book.

✎ There is an apple.

✎ There is a pen.

✎ There is a desk.

✎ There are several chairs.

✎ There are some apples.

Conversation

A: Look! There are some apples in the basket.
B: They look so delicious.

봐! 바구니 안에 사과가 몇 개 들어 있어.
정말 맛있겠다.

49

PART 02

일반동사

현재형

과거형

미래형

기초 영문법 따라잡기 ➡ 일반동사

1 일반동사가 뭐야?

일반동사는 Be동사(am, are, is)와 조동사(will, must, should ...)를 제외한 **have**(가지다), **like**(좋아하다), **study**(공부하다) 등과 같은 모든 동사를 말합니다. **영어는 동사 중심의 언어**라고 할 수 있습니다. 단어 혼자서도 의미를 전달할 수 있고, 문장에 대한 가장 많은 정보를 전달하는 것도 동사이기 때문입니다. 동사의 모양만 보면 주어가 몇 인칭인지, 시제가 현재 과거 미래인지, 능동 수동인지 등에 대해 알 수 있습니다.

2 인칭에 따른 동사의 사용 규칙

일반동사도 be동사와 마찬가지로 인칭에 따라 변화를 하지만, 다행이도 3인칭 단수에서만 변화를 합니다. 3인칭 단수는 **she, he, it**과 같은 주어들입니다. 이런 주어가 앞에 오면 동사에 -s나 -es를 붙여줘야 합니다.

예) walk 걷다, 걸어간다 - walks

1인칭	I		
	We	walk	to school everyday.
2인칭	You		
3인칭(복수)	They		
3인칭(단수)	He, She, Annie	walks	

❶ 동사의 끝 음절이 -s, -x, -sh, -ch, -o로 끝나는 동사는 끝나게 되면 -es를 붙이게 됩니다. 발음을 쉽게 하기 위해서입니다.

go - goes   relax - relaxes   pass - passes

❷ 동사의 끝 음절이 y로 끝나게 되면 y를 i로 고치고 그 뒤에 -es를 붙입니다.

study - studies   carry - carries   try - tries

❸ 예외로 have(가지다)라는 동사는 3인칭 단수에서 haves가 아니라 has로 변합니다.

3 일반동사의 변화형

일반동사도 앞의 be동사와 마찬가지로 과거, 과거분사형이 있습니다. 일반동사는 동사의 원형에 -(e)d를 붙여 과거, 과거분사형을 만드는 규칙동사와, 불규칙한 형태로 과거, 과거분사형이 되는 불규칙동사로 나눌 수 있습니다.

❶ 동사의 끝 음절이 -e로 끝나는 동사는 -d를 붙입니다.
   like - liked - liked

❷ 동사의 끝 음절이 y로 끝나게 되면 y를 i로 고치고 그 뒤에 -ed를 붙입니다.
   study - studied - studied

❸ 동사의 끝 음절이 '짧게 발음하는 모음과 자음'으로 끝나는 단음절 동사는 마지막 자음을 하나 더 써주고 -ed를 붙입니다.
   stop - stopped - stopped

❹ 그 밖의 규칙동사는 모두 어미에 -ed를 붙여 과거와 과거분사형을 만듭니다. 불규칙 동사는 변화 유형별로 나누기도 하지만, 사전을 보고 틈틈이 소리를 내어보면서 외워두는 것이 좋습니다.
   put - put - put   come - came - come   begin - began - begun

일반동사의 현재형이나 과거형, 분사형을 만드는 데는 위의 기본적인 규칙 외에도 약간의 예외들이 있습니다. 그러므로 이런 단어의 규칙은 따로 정리하고 연습을 통해 알아두시기 바랍니다.

4 do와 does

일반동사는 be동사와 달리 부정문이나 의문문을 만들 때 do동사를 사용합니다. 인칭에 따라서 do나 does를 구분해서 문장을 만듭니다. 이때, do/does로 인칭을 구별할 수 있기 때문에 동사 뒤에는 -s나 -es를 붙일 필요가 없습니다.

1인칭	I	do not / don't	walk to school everyday.
	We		
2인칭	You		
3인칭(복수)	They		
3인칭(단수)	He, She, Annie	does not / doesn't	

017

…은 ~해요

주어 + 동사원형 (현재형 긍정문)

의미 확인하면서 읽기

듣기

나는 빨리 달려요.

I run fast.

아이 런 패스트

run 달리다 / fast 빨리

나는 축구를 해요.

I play soccer.

아이 플레이 사커

play (운동, 연주) 하다 / soccer 축구

나는 고양이를 키워요.

I have a cat.

아이 햅 어 캣

have 갖다 / cat 고양이

나는 음악을 좋아해요.

I like music.

아이 라익 뮤직

like 좋아하다 / music 음악

우리는 숙제를 해요.

We do our homework.

위 두 아워 홈웍

do 하다 / homework 숙제

그들은 열심히 일해요.

They work hard.

데이 웍 하드

work 일하다 / hard 열심히

세 번 쓰고 외우기

말하기

✎ I run fast.

✎ I play soccer.

✎ I have a cat.

✎ I like music.

✎ We do our homework.

✎ They work hard.

Conversation

A: They work hard for you all day long.

B: I know, I appreciate that.

그들은 당신을 위해 하루 종일 열심히 일해요.
알아요, 그것에 대해 감사하고 있어요.

018

…은 ~해요

주어 + 동사s (3인칭단수 현재형)

의미 확인하면서 읽기

듣기

그녀는 여기서 일해요.

She works here.

쉬 웍스 히얼

*주어가 3인칭 단수일 때에는 동사에 -s를 붙여준다

그는 농구를 좋아해요.

He likes basketball.

히 라익스 배스킷볼

basketball 농구

그녀는 매일 텔레비전을 봐요.

She watches TV every day.

쉬 워치즈 티비 애브리 데이

watch 보다

그녀는 가방 안에 카메라를 가지고 있어요.

She has a camera in her bag.

쉬 해즈 어 캐머러 인 헐 백

have의 3인칭 단수는 has이다

수잔은 피아노를 쳐요.

Susan plays the piano.

수잔 플레이즈 더 피애노우

톰은 말이 너무 많아요.

Tom talks too much.

탐 톡스 투 머치

talk 말하다

말하기

She works here.

He likes basketball.

She watches TV every day.

She has a camera in her bag.

Susan plays the piano.

Tom talks too much.

Conversation

A: Is Tom here?
B: Yes, he works here.
톰은 여기에 있나요?
예, 그는 여기서 일해요.

019 ···은 ~하지 않아요

주어 + don't + 동사원형 ~. (현재형 부정문)

 의미 확인하면서 읽기

 듣기

난 여기서 일하지 않아요.

I don't work here.

아이 돈ㅌ 웍 히얼

*일반동사의 부정형은 동사 앞에 don't를 붙여준다

당신은 날 몰라요.

You don't know me.

유 돈ㅌ 노우 미

don't는 do not의 축약형

그는 당신 이름을 몰라요.

He doesn't know your name.

히 더즌ㅌ 노우 유얼 네임

*주어가 3인칭단수일 때 부정문은 동사 앞에 doesn't를 붙여준다

그녀는 백화점에 일하지 않아요.

She doesn't work at a department store.

쉬 더즌ㅌ 웍 앳 어 디파트먼ㅌ 스토어

그는 말이 너무 많지는 않아요.

He doesn't talk too much.

히 더즌ㅌ 톡 투 머치

doesn't는 does not의 축약형

그녀는 우리를 위해 요리하지 않아요.

She doesn't cook for us.

쉬 더즌ㅌ 쿡 풔 어스

세 번 쓰고 외우기

말하기

I don't work here.

You don't know me.

He doesn't know your name.

She doesn't work at a department store.

He doesn't talk too much.

She doesn't cook for us.

Conversation

A: Why don't you call him and find out?
B: I don't know his number.
그에게 전화해서 알아보는 게 어때요?
그의 전화번호를 몰라요.

020

…은 ~해요?

Do + 주어 + 일반동사 ~? (현재형 의문문)

의미 확인하면서 읽기

듣기

점심 먹을 시간 있어요?

Do you have time for lunch?

두 유 햅 타임 풔 런치

*일반동사 의문문은 do를 문장 맨 앞에 두고, 문장 끝에 ?를 붙인다

그거 아세요?

Do you know it?

두 유 노우 잇

그가 당신 이름을 알아요?

Does he know your name?

더즈 히 노우 유얼 네임

*주어가 3인칭단수일 때는 does를 문장 앞에 둔다

그녀가 당신을 위해서 요리해 주나요?

Does she cook for you?

더즈 쉬 쿡 풔 유

그녀는 백화점에 일하나요?

Does she work at a department store?

더즈 쉬 웍 앳 어 디파트먼ㅌ 스토어

당신은 비누로 손을 씻나요?

Do you wash your hands with soap?

두 유 워시 유얼 핸즈 윗 소웁

wash 씻다 / soap 비누

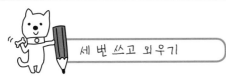

 말하기

✎ Do you have time for lunch?

✎ Do you know it?

✎ Does he know your name?

✎ Does she cook for you?

✎ Does she work at a department store?

✎ Do you wash your hands with soap?

Conversation

A: **Does he work here?**
B: **No, he doesn't.**
그는 여기서 일해요?
아뇨, 안 해요.

021

…은 ~하지 않아요?
Don't + 주어 + 일반동사 ~? (현재형 부정의문문)

의미 확인하면서 읽기

듣기

그거 모르세요?

Don't you know it?

돈츄 노우 잇

*일반동사의 현재형 부정의문문은 Don't를 문장 맨 앞에 둔다

당신은 그를 위해서 일하지 않나요?

Don't you work for him?

돈츄 웍 풔 힘

Don't + 주어 + 동사원형 ~? = Do + 주어 + not +동사원형 ~?

피자 안 좋아하세요?

Don't you like pizza?

돈츄 라익 피쩌

고기 안 드세요?

Don't you eat meat?

돈츄 잇 밋

eat 먹다 / meat 고기

그는 야채를 안 먹어요?

Doesn't he eat vegetables?

더즌ㅌ 히 잇 베지터블즈

*주어가 3인칭단수일 때는 Doesn't를 문장 앞에 둔다

그녀가 당신을 위해서 요리해 주지 않아요?

Doesn't she cook for you?

더즌ㅌ 쉬 쿡 풔 유

cook 요리하다

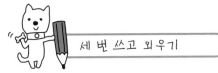

세 번 쓰고 외우기

✎ Don't you know it?

✎ Don't you work for him?

✎ Don't you like pizza?

✎ Don't you eat meat?

✎ Doesn't he eat vegetables?

✎ Doesn't she cook for you?

Conversation

A: Doesn't he have a girlfriend?
B: Yes, he does.

그는 여자친구 없니?
아니야, 있어.

022

…은 ~했어요
주어 + 일반동사(과거형) ~. (과거형 긍정문)

의미 확인하면서 읽기

듣기

나는 빨리 달렸어요.

I ran fast.
아이 랜 패스트

run(달리다)의 과거형은 ran이다

난 여기서 일했어요.

I worked here.
아이 웍트 히얼

*일반동사의 과거형은 -ed를 붙인다

그녀는 백화점에서 일했어요.

She worked at a department store.
쉬 웍트 앳 어 디파트먼트 스토어

*-e로 끝나는 동사는 -d만 붙인다 / liked

그는 말이 너무 많았어요.

He talked too much.
히 톡트 투 머치

*자음+y로 끝나는 동사는 y를 i로 바꾸고 -ed를 붙인다 / studied

그녀는 우리를 위해서 저녁밥을 했어요.

She cooked dinner for us.
쉬 쿡트 디너 풔 어스

*모음+y로 끝나는 동사는 -ed를 붙인다 / enjoyed

우리는 비누로 손을 씻었어요.

We washed our hands with soap.
위 워쉬드 아워 핸즈 윗 소웁

세 번 쓰고 외우기

말하기

✎ I ran fast.

✎ I worked here.

✎ She worked at a department store.

✎ He talked too much.

✎ She cooked dinner for us.

✎ We washed our hands with soap.

Conversation

A: What did you think of his work?
B: I thought he worked hard.

그 사람 일하는 게 어땠어요?
나는 그가 열심히 일한다고 생각했어요.

023 ···은 ~하지 않았어요
주어 + didn't + 동사원형 ~. (과거형 부정문)

 의미 확인하면서 읽기

 듣기

난 여기서 일하지 않았어요.

I didn't work here.
아이 디든ㅌ 웍 히얼

don't, doesn't의 과거형은 didn't

당신은 날 몰랐어요.

You didn't know me.
유 디든ㅌ 노우 미

didn't는 did not의 축약형

그는 당신 이름을 몰랐어요.

He didn't know your name.
히 디든ㅌ 노우 유얼 네임

그는 당신을 위해서 일하지 않았어요.

He didn't work for you.
히 디든ㅌ 웍 풔 유

그녀는 우리를 위해 요리하지 않았어요.

She didn't cook for us.
쉬 디든ㅌ 쿡 풔 어스

우리는 비누로 손을 씻지 않았어요.

We didn't wash our hands with soap.
위 디든ㅌ 워쉬 아워 핸즈 윗 소웁

세 번 쓰고 외우기

말하기

I didn't work here.

You didn't know me.

He didn't know your name.

He didn't work for you.

She didn't cook for us.

We didn't wash our hands with soap.

Conversation

A: Why didn't you tell me that?
B: I didn't even know it then.

왜 나한테 그걸 말하지 않았니?
그땐 나도 진짜 몰랐어.

024

…은 ~했어요?
Did + 주어 + 동사원형 ~? (과거형 의문문)

 의미 확인하면서 읽기

 듣기

점심 먹을 시간이 있었어요?

Did you have time for lunch?

디쥬 햅 타임 풔 런치

did는 do, does의 과거형

그거 알았어요?

Did you know it?

디쥬 노우 잇

*did를 문장 앞에 두면 일반동사의 과거형 의문문이 된다

그가 당신 이름을 알았어요?

Did he know your name?

디드 히 노우 유얼 네임

그녀가 당신을 위해서 요리했어요?

Did she cook for you?

디드 쉬 쿡 풔 유

그는 여기서 일했어요?

Did he work here?

디드 히 웍 히얼

비누로 손을 씻었어요?

Did you wash your hands with soap?

디쥬 워쉬 유얼 핸즈 윗 소웁

세 번 쓰고 외우기

말하기

✎ Did you have time for lunch?

✎ Did you know it?

✎ Did he know your name?

✎ Did she cook for you?

✎ Did he work here?

✎ Did you wash your hands with soap?

Conversation

A: **Did he work here?**
B: **Yes, he worked here for ten years.**
　그는 여기서 일했어요?
　네, 그는 여기서 10년 동안 일했어요.

025

…은 ~하지 않았어요?

Didn't + 주어 + 동사원형 ~? (과거형 부정의문문)

 의미 확인하면서 읽기

 듣기

점심 먹을 시간이 없었어요?

Didn't you have time for lunch?

디든츄 햅 타임 풔 런치

Didn't + 주어 + 동사원형 ~? = Did + 주어 + not +동사원형 ~?

그거 알지 못했어요?

Didn't you know it?

디든츄 노우 잇

= Did you not know it?

그가 당신 이름을 알지 못했어요?

Didn't he know your name?

디든ㅌ 히 노우 유얼 네임

name 이름

그녀가 당신을 위해서 요리하지 않았어요?

Didn't she cook for you?

디든ㅌ 쉬 쿡 풔 유

그는 여기서 일하지 않았어요?

Didn't he work here?

디든ㅌ 히 웍 히얼

비누로 손을 씻지 않았어요?

Didn't you wash your hands with soap?

디든츄 워쉬 유얼 핸즈 윗 소웁

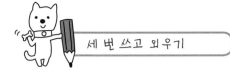
세 번 쓰고 외우기

말하기

✎ Didn't you have time for lunch?

✎ Didn't you know it?

✎ Didn't he know your name?

✎ Didn't she cook for you?

✎ Didn't he work here?

✎ Didn't you wash your hands with soap?

Conversation

A: Didn't she work here?
B: Yes, she worked here for three years.
그녀는 여기서 일하지 않았어요?
아뇨, 그녀는 여기서 3년 동안 일했어요.

026 ···은 ~할 거예요

주어 + will + 동사원형~. (미래형 긍정문)

의미 확인하면서 읽기

 듣기

난 여기서 일할 거예요.

I will work here.

아이 윌 웍 히얼

*일반동사의 미래형도 조동사 will로 나타낸다

나는 시험을 통과할 거예요.

I will pass the exam.

아이 윌 패스 디 이그잼

*미래를 나타내는 will은 조동사이므로 뒤에 동사원형이 온다

당신은 성공할 거예요.

You will succeed.

유 윌 썩시드

succeed 성공하다

그는 올 거예요.

He will come.

히 윌 컴

그녀는 우리를 위해서 저녁밥을 할 거예요.

She will cook dinner for us.

쉬 윌 쿡 디너 풔 어스

우리는 손을 씻을 거예요.

We will wash our hands.

위 윌 워쉬 아워 핸즈

세 번 쓰고 외우기

말하기

✎ I will work here.

✎ I will pass the exam.

✎ You will succeed.

✎ He will come.

✎ She will cook dinner for us

✎ We will wash our hands.

Conversation

A: We are out of water.
B: I will buy some.

물이 떨어졌어.
내가 좀 사올게.

73

027 · · ·은 ~할 거예요

주어 + be going to + 동사원형 ~. (미래형 긍정문)

 의미 확인하면서 읽기

 듣기

난 여기서 일할 거예요.

I'm going to work here.

아임 고잉 투 웍 히얼

*will 대신에 be going to로 미래를 나타내기도 한다

난 숙제를 할 거예요.

I'm going to do my homework.

아임 고잉 투 두 마이 홈웍

나는 저녁 준비를 할 거예요.

I am going to cook dinner.

아이 엠 고잉 투 쿡 디너

dinner 저녁

난 당신을 방문할 거예요.

I'm going to visit you.

아임 고잉 투 비짓 유

visit 방문하다

비가 올 거예요.

It's going to rain.

잇츠 고잉 투 레인

우리는 파티를 열 거예요.

We're going to have a party.

위어ㄹ 고잉 투 햅 어 파티

세 번 쓰고 외우기

말하기

I'm going to work here.

I'm going to do my homework.

I am going to cook dinner.

I'm going to visit you.

It's going to rain.

We're going to have a party.

Conversation

A: What are you doing this weekend?
B: I'm going to see a movie.
이번 주말에 뭐 할 거니?
영화 보러 갈 거야.

028

…은 ~하지 않을 거예요

주어 + won't + 동사원형 ~. (미래형 부정문)

의미 확인하면서 읽기

듣기

나는 차를 팔지 않을 거예요.

I won't sell my car.

아이 오운ㅌ 셀 마이 카

*미래 시제 부정문은 will not로 표현한다

나는 그것을 사지 않을 거예요.

I won't buy it.

아이 오운ㅌ 바이 잇

will not의 축약형은 won't

그는 여기서 일하지 않을 거예요.

He won't work here.

히 오운ㅌ 웍 히얼

그녀는 저녁 준비를 하지 않을 거예요.

She won't cook dinner.

쉬 오운ㅌ 쿡 디너

그들은 여기 오래 있지 않을 거예요.

They won't be here for long.

데이 오운ㅌ 비 히얼 풔 롱

그는 오지 않을 거예요.

He won't come.

히 오운ㅌ 컴

세 번 쓰고 외우기

✏ I won't sell my car.

✏ I won't buy it.

✏ He won't work here.

✏ She won't cook dinner.

✏ They won't be here for long.

✏ He won't come.

Conversation

A: Do you know when she'll be back?
B: She won't be back in this office today.
그녀가 언제 돌아올지 아세요?
오늘은 사무실에 안 돌아올 거예요.

029

…은 ~할 거예요[할까요]?

Will + 주어 + 동사원형 ~? (미래형 의문문)

의미 확인하면서 읽기

듣기

차를 파실 거예요?

Will you sell your car?

윌 유 셀 유얼 카르

*미래형의 의문문은 조동사 will을 문장 맨 앞에 둔다

그걸 살 거예요?

Will you buy it?

윌 유 바이 잇

그는 여기서 일할까요?

Will he work here?

윌 히 웍 히얼

그녀는 저녁 준비를 할까요?

Will she cook dinner?

윌 쉬 쿡 디너

그들은 여기 오래 있을까요?

Will they be here for long?

윌 데이 비 히얼 풔 롱

그는 올까요?

Will he come?

윌 히 컴

78

세 번 쓰고 외우기

말하기

✎ Will you sell your car?

_____

~~~~~~~~~

✎ Will you buy it?

_____

~~~~~~~~~

✎ Will he work here?

_____

~~~~~~~~~

✎ Will she cook dinner?

_____

~~~~~~~~~

✎ Will they be here for long?

_____

~~~~~~~~~

✎ Will he come?

_____

~~~~~~~~~

Conversation

A: I hope he comes in here! Will he come?
B: He won't be here today.

그가 여기에 오면 좋겠어! 그가 올까?
오늘은 오지 않을 거야.

79

PART 03

동사의 진행형

현재형

과거형

미래형

기초 영문법 따라잡기 → 동사의 진행형

1 진행형이 뭐야?

진행형은 어느 시점에서 어느 동작이 계속 진행 중인 것을 말합니다. 예를 들어 엄마가 '너 뭐하니?' 라고 물으면 '나 공부 중이야.' 이렇게 대답할 때 쓸 수 있는 문장이 진행형입니다. 진행형은 다음의 세 가지로 나눌 수 있습니다.

현재 진행형 ~하고 있다	과거 진행형 ~하고 있었다	미래 진행형 ~하고 있을 것이다

2 현재진행형

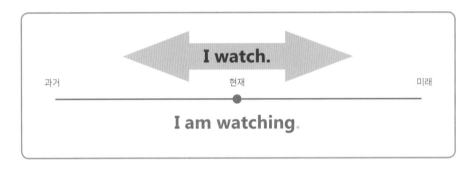

I watch TV. 나는 TV를 봐. → 항상, 늘, 보통

I'm watching TV. 나 지금 TV 보고 있어. → 지금

동사의 현재형 watch는 과거에 그랬고 미래까지 그렇게 할 거라고 예상되는 지금의 일을 말하고, 현재 진행형은 딱 '지금' 말하는 순간만을 의미합니다. '지금 TV 보고 있어'라는 현재 진행되고 있는 행동에 초점을 맞춘 표현입니다.

3 과거진행형

과거 진행형은 과거의 어느 시점부터 과거 어느 시점까지 일정한 기간 동안 계속되는 동작을 말합니다.

I was watching TV when you called me. 네가 나에게 전화했을 때 TV 보고 있었어.

4 미래진행형

미래 어느 때에 진행 중인 동작을 나타낼 때는 미래 진행형도 쓸 수 있습니다. 주어 다음에 미래를 나타내는 will을 써 주면됩니다.

I will be watching TV then. 그때 TV를 보고 있을 거야.

5 진행형으로 사용할 수 없는 동사

진행형으로 쓸 수 있는 동사는 행위를 나타내는 동사들이고, love, like, mean, need, own, remember, seem, want, understand 등과 같이 상태를 나타내는 동사는 진행형으로 나타낼 수 없습니다.

I like Susan. → I am liking Susan.(x)
수잔을 좋아하는 걸 지금 순간 진행 하는 중?

She understands it. → She is understanding it. (x)
그녀는 골몰히 앉아서 이해하도록 노력만하고 있는 상황?

6 진행형 ing를 만드는 법

> 주어 + be동사 + 일반동사 -ing

❶ 진행형 동사형은 기본적으로 동사에 ing를 붙이지만, 동시의 원형이 -e로 끝나는 동사는 e를 떼어내고 ing를 붙입니다.

make - making   take - taking   have - having

❷ -ie로 끝나는 동사는 -ie를 y로 바꾸고 ing를 붙여줍니다.

die - dying   tie - tying   lie - lying

❸ 짧게 발음하는 모음과 자음으로 끝나는 단어들은 마지막 자음을 한 번 더 쓰고 ing를 붙여줍니다.

sit - sitting   put - putting   stop - stopping

❹ 2음절(읽었을 때 두 마디 이상 소리나는 단어) 이상의 단어들에서 강세(힘주어 말하는 부분)가 마지막 음절에 온다면 마지막 자음을 한 번 더 쓰고 ing를 붙여줍니다.

begin - beginning   forget - forgetting   permit - permitting

030 ···은 ~하고 있어요[하는 중이에요]

주어 + be동사 + -ing ~. (현재진행형 긍정문)

 의미 확인하면서 읽기

 듣기

나는 일하고 있어요.

I am working.

아이 엠 워킹

*현재진행형은 과거에 시작되어 지금 현재 진행 중인 채로

그는 영어 공부하고 있어요.

He is studying English.

히 이즈 스터딩 잉글리쉬

아직 끝나지 않은 사건이나 행위를 표현할 때 사용한다

그녀는 점심을 먹고 있어요.

She is eating lunch.

쉬 이즈 이팅 런치

그들은 텔레비전을 보고 있어요.

They are watching TV.

데이 알 워칭 티비

우리는 쉬고 있어요.

We are taking a break.

위 알 테이킹 어 브레익

밖에 비가 오고 있어요.

It's raining outside.

잇츠 레이닝 아웃사이드

말하기

I am working.

He is studying English.

She is eating lunch.

They are watching TV.

We are taking a break.

It's raining outside.

Conversation

A: What are you doing now?
B: We are watching TV.

지금 뭐하고 있어요?
우리는 텔레비전을 보고 있어요.

…은 ~하고 있지 않아요

주어 + be동사 + not + -ing ~. (현재진행형 부정문)

의미 확인하면서 읽기

듣기

나는 일하고 있지 않아요.

I am not working.

아이 엠 낫 워킹

I am not → I'm not

그는 영어 공부를 하고 있지 않아요.

He is not studying English.

히 이즈 낫 스터딩 잉글리쉬

is not → isn't

그녀는 아무것도 먹고 있지 않아요.

She isn't eating anything.

쉬 이즌ㅌ 이팅 애니씽

그들은 텔레비전을 보고 있지 않아요.

They aren't watching TV.

데이 안ㅌ 워칭 티비

are not → aren't

우리는 쉬고 있지 않아요.

We aren't taking a break.

위 안ㅌ 테이킹 어 브레익

*동사의 어미가 e로 끝나는 동사는 e를 없애고 -ing를 붙인다

난 지금 운전 중이 아니에요.

I'm not driving my car.

아임 낫 드라이빙 마이 카ㄹ

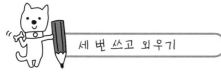

세 번 쓰고 외우기

✎ I am not working.

✎ He is not studying English.

✎ She isn't eating anything.

✎ They aren't watching TV.

✎ We aren't taking a break.

✎ I'm not driving my car.

Conversation

A: What is he doing? Is he studying hard?
B: No, he isn't studying. He's on break.
걔는 뭐해? 열심히 공부하고 있니?
아뇨, 공부하고 있지 않아요. 그는 쉬고 있어요.

032 …은 ~하고 있어요?

be동사 + 주어 + -ing ~? (현재진행형 의문문)

 의미 확인하면서 읽기

 듣기

일하고 있어요?

Are you working?

알 유 워킹

*진행형의 의문문은 be동사를 문장 맨 앞에 두면 된다

그는 영어 공부 하고 있어요?

Is he studying English?

이즈 히 스터딩 잉글리쉬

그녀는 점심 먹고 있어요?

Is she eating lunch?

이즈 쉬 이팅 런치

그들은 텔레비전을 보고 있어요?

Are they watching TV?

알 데이 워칭 티비

쉬고 있어요?

Are you taking a break?

알 유 테이킹 어 브레익

밖에 비 와요?

Is it raining outside?

이즈 잇 레이닝 아웃사이드

말하기

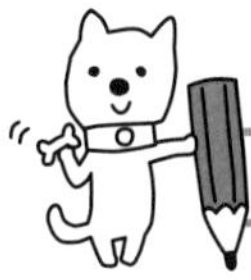

✎ Are you working?

✎ Is he studying English?

✎ Is she eating lunch?

✎ Are they watching TV?

✎ Are you taking a break?

✎ Is it raining outside?

Conversation

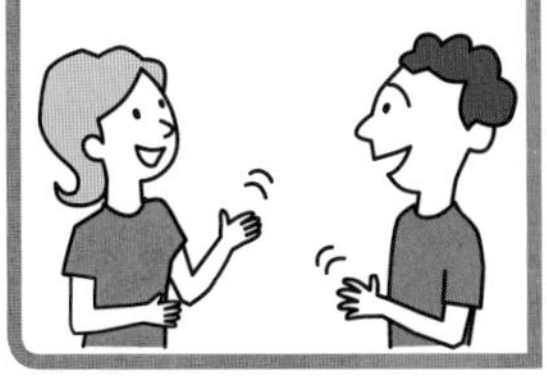

A: Is it still snowing?
B: No, it isn't.
아직도 눈 와요?
아뇨, 그쳤어요.

…은 ~하고 있지 않나요?

be동사 + not + 주어 + -ing ~? (현재진행형 부정의문문)

 의미 확인하면서 읽기

듣기

일하고 있지 않나요?

Aren't you working?

안츄 워킹

*be동사 + not + 주어 + -ing ~? = be동사 + 주어 + not + -ing ~?

그는 영어 공부 하고 있지 않나요?

Isn't he studying English?

이즌ㅌ 히 스터딩 잉글리쉬

*어미가 -ie인 동사는 ie를 y로 고치고 -ing를 붙인다 / die - dying

그녀는 점심을 먹고 있지 않나요?

Isn't she eating lunch?

이즌ㅌ 쉬 이팅 런치

= Is she not eating linch?

그들은 텔레비전을 보고 있지 않나요?

Aren't they watching TV?

안ㅌ 데이 워칭 티비

= Are they not watching TV?

쉬고 있지 않나요?

Aren't you taking a break?

안츄 테이킹 어 브레익

밖에 비가 오지 않나요?

Isn't it raining outside?

이즌ㅌ 잇 레이닝 아웃사이드

세 번 쓰고 외우기

✎ Aren't you working?

✎ Isn't he studying English?

✎ Isn't she eating lunch?

✎ Aren't they watching TV?

✎ Aren't you taking a break?

✎ Isn't it raining outside?

Conversation

A: Isn't she eating lunch yet?
B: Yes, she is still working.

그녀는 아직도 점심을 먹고 있지 않나요?
예, 그녀는 아직도 일하고 있어요.

의미 확인하면서 읽기

 듣기

나는 피아노를 연주하고 있었어요.

I was playing the piano.

아이 워즈 플레잉 더 피애노우

*과거진행형은 과거의 어느 한 시점에 일어난 일을 이야기한다

당신은 텔레비전을 보고 있었어요.

You were watching TV.

유 워ㄹ 워칭 티비

*과거진행형은 그냥 과거형으로 쓰는 것보다 좀 더 생동감이 있다

그는 책을 읽고 있었어요.

He was reading a book.

히 워즈 리딩 어 북

*1인칭주어일 경우에는 was를 사용한다

그녀는 숙제를 하고 있었어요.

She was doing her homework.

쉬 워즈 두잉 헐 홈웍

*3인칭 단수인 I, he, she, it이 주어일 경우에는 was를 사용한다

그들은 수영장에서 수영을 하고 있었어요.

They were swimming in the pool.

데이 워ㄹ 스위밍 인 더 풀

*3인칭 복수인 you, they, we가 주어일 경우에는 were를 사용한다

우리는 집으로 걸어가고 있는 중이었어요.

We were walking home.

위 워ㄹ 워킹 홈

*2인칭 주어일 경우에는 were를 사용한다

세 번 쓰고 외우기

 말하기

✎ I was playing the piano.

✎ You were watching TV.

✎ He was reading a book.

✎ She was doing her homework.

✎ They were swimming in the pool.

✎ We were walking home.

Conversation

A: What were you doing at that time?
B: I was talking with my friends.
그때 뭐하고 있었어요?
친구들과 얘기하고 있었어요.

93

나는 내 전화를 찾고 있지 않았어요.

I was not looking for my phone.

아이 워즈 낫 룩킹 풔 마이 폰

was not → wasn't

당신은 라디오를 듣고 있지 않았어요.

You were not listening to the radio.

유 워르 낫 리스닝 투 더 레이디오

그는 책을 읽고 있지 않았어요.

He wasn't reading the book.

히 워즌ㅌ 리딩 더 북

우리는 농구를 하고 있지 않았어요.

We were not playing basketball.

위 워르 낫 플레잉 베스킷볼

were not → weren't

아기는 자고 있지 않았어요.

The baby was not sleeping.

더 베이비 워즈 낫 슬리핑

그들은 영어 공부를 하고 있지 않았어요.

They were not studying English.

데이 워르 낫 스터딩 잉글리쉬

말하기

세 번 쓰고 외우기

✎ I was not looking for my phone.

_____

_____

✎ You were not listening to the radio.

_____

_____

✎ He wasn't reading the book.

_____

_____

✎ We were not playing basketball.

_____

_____

✎ The baby was not sleeping.

_____

_____

✎ They were not studying English.

_____

_____

Conversation

A: Why were you staring at me a bit ago?
B: What? I wasn't looking at you.

아까 왜 날 빤히 쳐다봤어?
뭐? 난 널 보고 있지 않았어.

95

036

…은 ~하고 있었어요?

be동사(과거형) + 주어 + -ing ~? (과거진행형 의문문)

의미 확인하면서 읽기

듣기

일하고 있었어요?

Were you working?

워르 유 워킹

*과거진행형 의문문도 be동사 과거형(were, was)을 문장 맨 앞에 둔다

그녀는 자고 있었어요?

Was she sleeping?

워즈 쉬 슬리핑

그 ? ? ?

영어 공부하고 있었어요?

Were you studying English?

워르 유 스터딩 잉글리쉬

? ? ?

그는 신문을 읽고 있었어요?

Was he reading the newspaper?

워즈 히 리딩 더 뉴스페이퍼

? ? ?

밖에 비가 오고 있었어요?

Was it raining outside?

워즈 잇 레이닝 아웃사이드

? ? ?

그들은 텔레비전을 보고 있었어요?

Were they watching TV?

워르 데이 워칭 티비

? ? ?

세 번 쓰고 외우기

말하기

✎ Were you working?

✎ Was she sleeping?

✎ Were you studying English?

✎ Was he reading the newspaper?

✎ Was it raining outside?

✎ Were they watching TV?

Conversation

A: Were you working here last weekend?
B: Yes, I was.

지난주에 여기서 일하고 있었나요?
네, 그랬어요.

037

…은 ~하고 있지 않았나요?

be동사(과거형) + not + 주어 + -ing ~? (과거진행형 부정의문문)

 의미 확인하면서 읽기

 듣기

일하고 있지 않았나요?

Weren't you working?

원르츄 워킹

= Were you not working?

그녀는 자고 있지 않았나요?

Wasn't she sleeping?

워즌ㅌ 쉬 슬리핑

= Was she not sleeping?

영어 공부하고 있지 않았나요?

Weren't you studying English?

원르츄 스터딩 잉글리쉬

그는 신문을 읽고 있지 않았나요?

Wasn't he reading the newspaper?

워즌ㅌ 히 리딩 더 뉴스페이퍼

밖에 비오고 있지 않았나요?

Wasn't it raining outside?

워즌ㅌ 잇 레이닝 아웃사이드

그들은 텔레비전을 보고 있지 않았나요?

Weren't they watching TV?

원ㅌ 데이 워칭 티비

세 번 쓰고 외우기

✎ Weren't you working?

_____

_____

✎ Wasn't she sleeping?

_____

_____

✎ Weren't you studying English?

_____

_____

✎ Wasn't he reading the newspaper?

_____

_____

✎ Wasn't it raining outside?

_____

_____

✎ Weren't they watching TV?

_____

_____

Conversation

A: Weren't you working?
B: Yes, I'm watching TV.

일하고 있지 않았나요?
네, 텔레비전을 보고 있었어요.

 의미 확인하면서 읽기

 듣기

그는 아직도 일하고 있을 거예요.

He will be working yet.

히 윌 비 워킹 옛

*미래진행형은 과거와는 반대로 미래 행동에 대한 추측을 나타낸다

그녀는 거기에 머무르고 있을 거예요.

She will be staying there.

쉬 윌 비 스테잉 데얼

*be동사 기본형은 be이므로 will be가 된다

그들은 야구를 하고 있을 거예요.

They will be playing baseball.

데이 윌 비 플레잉 베이스볼

그들은 그녀를 돕고 있을 거예요.

They'll be helping her.

데이일 비 핼핑 헐

They will → They'll

그는 문을 열고 있을 거예요.

He'll be opening the door.

히일 비 오프닝 더 도어

He will → He'll

그는 숙제를 하고 있을 거예요.

He'll be doing his homework.

히일 비 두잉 히즈 홈웍

세 번 쓰고 외우기

 말하기

✏ He will be working yet.

✏ She will be staying there.

✏ They will be playing baseball.

✏ They'll be helping her.

✏ He'll be opening the door.

✏ He'll be doing his homework.

Conversation

A: Is she still working?
B: Yes, she will still be working.
그녀는 아직도 일하고 있을까요?
예, 그녀는 아직도 일하고 있을 거예요.

의미 확인하면서 읽기

 듣기

그는 일하고 있지 않을 거예요.

He will not be working.

히 윌 낫 비 워킹

그녀는 거기에 머무르고 있지 않을 거예요.

She will not be staying there.

쉬 윌 낫 비 스테잉 데얼

그들은 야구를 하고 있지 않을 거예요.

They won't be playing baseball.

데이 오운ㅌ 비 플레잉 베이스볼

will not → won't

그들은 그녀를 돕고 있지 않을 거예요.

They won't be helping her.

데이 오운ㅌ 비 핼핑 헐

그녀는 책을 읽고 있지 않을 거예요.

She won't be reading a book.

쉬 오운ㅌ 비 리딩 어 북

그는 숙제를 하고 있지 않을 거예요.

He won't be doing his homework.

히 오운ㅌ 비 두잉 히즈 홈웍

세 번 쓰고 외우기

✎ He will not be working.

✎ She will not be staying there.

✎ They won't be playing baseball.

✎ They won't be helping her.

✎ She won't be reading a book.

✎ He won't be doing his homework.

Conversation

A: Are they eating lunch?
B: Well, they won't be eating lunch.
그들은 점심을 먹고 있을까요?
글쎄요, 그들은 점심을 먹고 있지 않을 거예요.

PART 04

의문사

기초 영문법 따라잡기 → 의문사

1 의문사가 뭐야?

의문사는 누가, 언제, 어디서, 무엇을, 어떻게, 왜?를 묻고 싶을 때 사용하는 말입니다.
의문사의 종류에는 다음 7가지가 있습니다.

Who [huː]	누가	너는 누구니? Who are you?
When [ʜwen]	언제(날짜, 시간)	너 생일은 언제야? When is your birthday.
Where [ʜweəːr]	어디에서, 어디(장소)	너는 어디에 사니? Where do you live?
What [ʜwɑt]	무엇, 뭐	이건 뭐니? What is it?
Which [ʜwitʃ]	어느 것	어느 영화를 좋아하니? Which movie do you like?
Why [ʜwai]	왜(이유)	너는 왜 영어 공부를 하니? Why do you study English?
How [ʜau]	어떻게, 얼마나	어떻게 지내니? How are you?

의문사로 시작하는 의문문은 Yes나 No로 답하지 않고 궁금한 것에 답만 해주면 됩니다.

2 의문사를 이용한 의문문 만들기

영어에서 의문사는 모든 의문문의 맨 앞에 오게 됩니다. 왜냐하면 한 번에 그 말이 물어보는 말이라는 것을 알게 하기 위해서입니다. 가령 예를 들면. You know who? (원래는 Who do you know?)라고 한다면 끝에 나오는 말까지 모두 듣고서야 물어보는 말인 줄 알게 되는 겁니다. 그렇기 때문에 영어에선(국어도 그렇지만) 의문사가 문장의 맨 앞으로 오게 되는 겁니다.

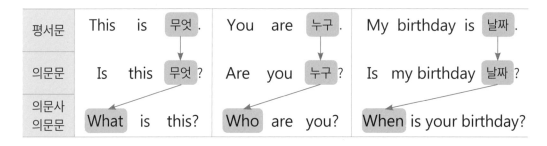

be 동사가 쓰인 경우에는 의문사 뒤에 주어와 동사 자리만 바꾸어 써주면 됩니다.

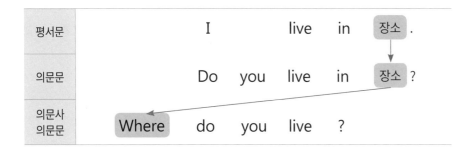

평서문	I		live	in	장소 .
의문문		Do you	live	in	장소 ?
의문사 의문문	Where	do you	live	?	

일반동사가 쓰인 경우 do를 써주고 동사는 그대로 바뀌지 않습니다. 인칭과 시제에 따라 do / does / did를 다르게 씁니다.

의문사로 시작하는 의문문은 평서문을 일단 의문문으로 바꾼 형태에서 다시 문장 앞에 의문사를 붙여주는 형식으로 만들면 됩니다.

3 Who is he?와 What is he?의 차이

Who is he?, Who is she?와 같이 Who is ~?로 묻게 되면 의문사 who는 '사람의 이름'과 '나와의 관계'를 물어 볼 때 쓰는 의문사입니다. Who is he?라고 물으면 다음과 같이 두 가지로 대답할 수 있습니다.

　　Who is he? 그는 누구입니까?

　　- He's Bill Gates. 그는 빌게이츠입니다.

　　- He's my brother. 그는 나의 형제입니다.

What is he?, What is she? 와 같이 묻게 되면 그 사람의 직업을 묻는 표현이 됩니다.

　　What is he? 그는 어떤 사람입니까?

　　- He's a teacher. 그는 선생님입니다.

040

…은 ~하죠?/~안 그래요?
긍정문 + 부정의문문? (부가의문문)

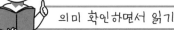

그는 키가 커요, 그렇지 않아요?

He is tall, **isn't he?**

히 이즈 톨, 이즌ㅌ 히

*부가의문문은 확인이나 동의를 얻기 위해 문장이 끝나고

그들은 뚱뚱해요, 안 그래요?

They are fat, **aren't they?**

데이 알 팻, 안ㅌ 데이

앞에 있는 문장에 덧붙이는 의문문이다

그녀는 여기서 일하죠?

She works here, **doesn't she?**

쉬 웍스 히얼, 더즌ㅌ 쉬

*동사와 부정어는 축약형을 쓴다

그는 영화를 많이 봐요, 그렇지 않아요?

He sees many films, **doesn't he?**

히 씨즈 매니 필름스, 더즌ㅌ 히

*일반동사는 do / does / did를 사용한다

우리는 영어 공부를 열심히 해요, 안 그래요?

We study English hard, **don't we?**

위 스터디 잉글리쉬 하드, 돈ㅌ 위

정말 달아요, 안 그래요?

It's very sweet, **isn't it?**

잇츠 베리 스윗, 이즌ㅌ 잇

*주절이 긍정이면 부가의문문은 부정으로 말한다

세 번 쓰고 외우기

 말하기

He is tall, isn't he?

They are fat, aren't they?

She works here, doesn't she?

He sees many films, doesn't he?

We study English hard, don't we?

It's very sweet, isn't it?

Conversation

A: It is very hot today, isn't it?
B: Yes, it's very hot.
오늘 무척 덥지, 안 그래?
응, 정말 더워.

041

…은 ~하지 않죠?/~그렇죠?
부정문 + 긍정의문문? (부가의문문)

 의미 확인하면서 읽기

 듣기

그는 키가 크지 않아요, 그렇죠?

He isn't tall, **is he?**

히 이즌 톨, 이즈 히

*주어는 대명사로 바꾼다

그들은 뚱뚱하지 않아요, 그렇죠?

They aren't fat, **are they?**

데이 안ㅌ 팻, 알 데이

*의문문 어순에 맞추어 동사 + 주어 순으로 쓴다

그녀는 여기서 일하지 않죠?

She doesn't work here, **does she?**

쉬 더즌ㅌ 웍 히얼, 더즈 쉬

*주절이 부정이면 부가의문문은 긍정으로 말한다

그는 영화를 많이 보지 않아요, 그렇죠?

He doesn't see many films, **does he?**

히 더즌ㅌ 씨 메니 필름스, 더즈 히

우리는 영어 공부를 열심히 하지 않아요, 그렇죠?

We don't study English hard, **do we?**

위 돈ㅌ 스터디 잉글리쉬 하드, 두 위

달지 않죠?

It isn't sweet, **is it?**

잇 이즌ㅌ 스윗, 이즈 잇

 세 번 쓰고 외우기

말하기

He isn't tall, is he?

They aren't fat, are they?

She doesn't work here, does she?

He doesn't see many films, does he?

We don't study English hard, do we?

It isn't sweet, is it?

Conversation

A: You don't know him, do you?
B: No, I don't.
당신은 그 사람을 모르죠?
네, 몰라요.

111

042

…은 ~예요[해요], 아니면 ~예요[해요]?
A or B (선택의문문)

의미 확인하면서 읽기

듣기

저건 개예요, 여우예요?

Is that **a dog or a fox?**

이즈 댓 어 독 오어러 폭스

*선택의문문은 or(또는)를 써서 상대방의 선택을 묻는 의문문이다

당신은 간호사예요, 선생이에요?

Are you **a nurse or a teacher?**

알 유 어 너스 오어러 티처

*대답은 Yes／No로 하지 않고, 한쪽을 선택해서 말한다

그것은 펜이에요, 연필이에요?

Is it **a pen or a pencil?**

이즈 잇 어 펜 오어러 펜슬

넌 학교에 버스로 다니니, 걸어다니니?

Do you go to school **by bus or on foot?**

두 유 고 투 스쿨 바이 버스 오어 온 풋

당신은 봄과 가을 중에 어느 계절을 좋아해요?

Which do you like better, **spring or autumn?**

위치 두 유 라익 배러, 스프링 오어 오텀

그는 운전을 해요, 안 해요?

Does he drive **the car or not?**

더즈 히 드라이브 더 카ㄹ 오어 낫

세 번 쓰고 외우기

말하기

✎ Is that a dog or a fox?

✎ Are you a nurse or a teacher?

✎ Is it a pen or a pencil?

✎ Do you go to school by bus or on foot?

✎ Which do you like better, spring or autumn?

✎ Does he drive the car or not?

Conversation

A: Is your uncle in Seoul or in Busan?
B: He is in Busan.
너희 삼촌은 서울에 계시니, 부산에 계시니?
삼촌은 부산에 계셔.

113

043 ~은 어디 있어요?/어디예요?

Where ~? (의문사)

의미 확인하면서 읽기

 듣기

어디 가세요?

Where are you going?

웨얼 알 유 고잉

where 어디에서, 어디(장소)

내 전화기 어디 있어요?

Where is my phone?

웨얼 이즈 마이 포운

Where + be동사 +주어 ~?

내 책은 어디에 있어요?

Where is my book?

웨얼 이즈 마이 북

당신 차는 어디에 있어요?

Where is your car?

웨얼 이즈 유얼 카ㄹ

이거 어디서 샀어요?

Where did you buy this?

웨얼 디드 유 바이 디스

Where + do +주어 + 동사원형 ~?

가장 가까운 버스정류장이 어디죠?

Where's the nearest bus stop?

웨얼즈 더 니어리슷 버스 스탑

세 번 쓰고 외우기

 말하기

✎ Where are you going?

✎ Where is my phone?

✎ Where is my book?

✎ Where is your car?

✎ Where did you buy this?

✎ Where's the nearest bus stop?

Conversation

A: Where is my wallet?
B: I saw it on the kitchen table.
내 지갑이 어디 있지?
부엌 테이블에 있는 거 봤어요.

115

044

~은 언제예요?/언제 ~해요?

When ~? (의문사)

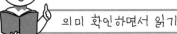

듣기

생일이 언제예요?

When is your birthday?

웬 이즈 유얼 벌스데이

when 언제(날짜, 시간)

시험은 언제 봐요?

When is your exam?

웬 이즈 유얼 이그잼

그는 언제 돌아오나요?

When will he be back?

웬 윌 히 비 백

그들은 언제 이사 갈 거예요?

When are they moving out?

웬 알 데이 무빙 아웃

moving out (살던 집에서) 이사를 나가다

언제 다시 당신을 만날 수 있나요?

When can I see you again?

웬 캔 아이 씨 유 어겐

다음 버스는 언제 와요?

When does the next bus arrive?

웬 더즈 더 넥스트 버스 어라입

말하기

When is your birthday?

When is your exam?

When will he be back?

When are they moving out?

When can I see you again?

When does the next bus arrive?

Conversation

A: When is your next class?
B: It's at 2.
너네 다음 수업은 언제야?
2시.

117

045

···은 어떻게 ~해요?/얼마나 ~예요?

How ~? (의문사)

의미 확인하면서 읽기

듣기

얼마에요?

How much is it?

하우 머치 이즈 잇

how 어떻게, 얼마나, 몇

그녀는 몇 살이에요?

How old is she?

하우 올드 이즈 쉬

그건 어떻게 작동해요?

How does it work?

하우 더즈 잇 웍

*의문사로 시작하는 의문문은 Yes나 No로 답하지 않는다

지금 기분이 어떠세요?

How are you feeling now?

하우 알 유 필링 나우

얼마나 자주 외식하니?

How often do you eat out?

하우 오픈 두 유 잇 아웃

여기서 버스 정류장까지 얼마나 멀어요?

How far is the bus stop from here?

하우 파 이즈 더 버스 스탑 프럼 히얼

세 번 쓰고 외우기

말하기

How much is it?

How old is she?

How does it work?

How are you feeling now?

How often do you eat out?

How far is the bus stop from here?

Conversation

A: How much is the bus fare?
B: It's 2 dollars.
버스 요금은 얼마예요?
2달러입니다.

119

046

왜 ~해요?

Why ~? (의문사)

 의미 확인하면서 읽기

 듣기

왜 늦었어요?

Why are you late?

와이 알 유 레잇

 why 왜(이유)

그는 왜 서두르는 거예요?

Why is he in a hurry?

와이 이즈 히 인 어 허리

in a hurry 서둘러[급히]

왜 그 책을 좋아하나요?

Why do you like the book?

와이 두 유 라익 더 북

그는 왜 그렇게 피곤해 보이는 거예요?

Why does he look so tired?

와이 더즈 히 룩 쏘 타이어드

그들은 왜 그녀를 쫓는 거예요?

Why do they chase her?

와이 두 데이 체이스 헐

그녀는 왜 그를 좋아할까요?

Why does she like him?

와이 더즈 쉬 라익 힘

세 번 쓰고 외우기

 말하기

✎ Why are you late?

✎ Why is he in a hurry?

✎ Why do you like the book?

✎ Why does he look so tired?

✎ Why do they chase her?

✎ Why does she like him?

Conversation

A: Why do you like him?
B: Well, he is always nice to me.

왜 그를 좋아하는 거예요?
어, 그는 언제나 나에게 잘 해줘요.

121

047

~은 뭐예요?
What ~? (의문사)

듣기

지금 몇 시에요?

What time is it now?

왓 타임 이즈 잇 나우

what 무엇, 뭐

요점이 뭐예요?

What's your point?

왓츠 유얼 포인트

성이 뭐예요?

What's your last name?

왓츠 유얼 라슷 네임

last name, family name 성 / first name, given name 이름

뭘 찾고 있어요?

What are you looking for?

워라유 룩킹 풔

looking for 찾다, 구하다, 기대하다

그 상자 안에 있는 건 뭐예요?

What's in that box?

왓츠 인 댓 박스

여기서 무슨 일이 있었어요?

What happened here?

왓 해쁜드 히얼

happen (무엇의 결과로) 일어나다[되다]

세 번 쓰고 외우기

말하기

✎ What time is it now?

✎ What's your point?

✎ What's your last name?

✎ What are you looking for?

✎ What's in that box?

✎ What happened here?

Conversation

A: What's your favorite food?
B: It's Chinese.
가장 좋아하는 음식이 뭐예요?
중국 음식이요.

048

~은 누구예요?/누가 ~했어요?

Who ~? (의문사)

 의미 확인하면서 읽기

 듣기

누구세요?

Who are you?

후 알 유

who 누구(사람)

저 여자는 누구예요?

Who is that girl?

후 이즈 댓 걸

누가 그런 말 했어요?

Who said that?

후 세드 댓

누가 초대했죠?

Who invited you?

후 인바이티드 유

invite 초대하다, 초청하다

누굴 바꿔 드릴까요?

Who do you want to speak to?

후 두 유 원투 스픽 투

누가 당신 의견을 물었어요?

Who asked your opinion?

후 애슥트 유얼 오피니언

opinion (개인의) 의견, 견해

세 번 쓰고 외우기

✎ Who are you?

✎ Who is that girl?

✎ Who said that?

✎ Who invited you?

✎ Who do you want to speak to?

✎ Who asked your opinion?

Conversation

A: I don't think it's fair.
B: Who asked your opinion?

그건 공평하다고 생각하지 않아요.
누가 네 의견 물었어?

125

049

~은 어느 쪽이에요?/어느 것이 ~예요?

Which ~? (의문사)

의미 확인하면서 읽기

듣기

어느 것이 당신 책인가요?

Which is your book?

위치 이즈 유얼 북

which 어느 것(쪽)

어느 게 더 낫습니까?

Which is better?

위치 이즈 베러

*Which ~, A or B? A와 B중 하나의 선택을 묻는 표현이다

어느 게 그들의 집이죠?

Which is their house?

위치 이즈 데얼 하우스

당신의 선택은 어느 쪽이에요?

Which is your choice?

위치 이즈 유얼 초이스

choice 선택하다, 고르다

차와 커피 중에 어느 것을 드릴까요?

Which do you prefer, tea or coffee?

위치 두 유 프리퍼, 티 오어 커피

박물관은 어느 쪽 길이에요?

Which way is the museum, please?

위치 웨이 이즈 더 뮤지엄, 플리이즈

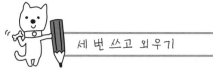

세 번 쓰고 외우기

🔊 말하기

✏ Which is your book?

✏ Which is better?

✏ Which is their house?

✏ Which is your choice?

✏ Which do you prefer, tea or coffee?

✏ Which way is the museum, please?

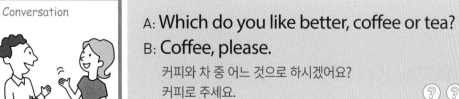

Conversation

A: Which do you like better, coffee or tea?
B: Coffee, please.

커피와 차 중 어느 것으로 하시겠어요?
커피로 주세요.

127

050

~은 누구 거예요?/누구의 ~예요?

Whose ~? (의문사)

의미 확인하면서 읽기

 듣기

누구 차예요?

Whose car is it?

후즈 카ㄹ 이즈 잇

whose 누구

누구 계좌예요?

Whose account is it?

후즈 어카운ㅌ 이즈 잇

account 계좌

누구 사진이에요?

Whose picture is it?

후즈 픽처 이즈 잇

picture 그림

누구 전화기예요?

Whose phone is it?

후즈 폰 이즈 잇

저것은 누구 집이죠?

Whose house is that?

후즈 하우스 이즈 댓

누구 차례예요?

Whose go is it?

후즈 고우 이즈 잇

세 번 쓰고 외우기

말하기

✎ Whose car is it?

✎ Whose account is it?

✎ Whose picture is it?

✎ Whose phone is it?

✎ Whose house is that?

✎ Whose go is it?

Conversation

A: Whose turn is it next?
B: It's your turn, idiot.

다음은 누구 차례야?
네 차례잖아. 멍청아.

051

얼마나 ~인가!/정말 ~인걸!

How + 형용사[부사] ~! (감탄문)

의미 확인하면서 읽기

듣기

귀여워라!

How cute!

하우 큐트

*감탄문은 기쁨, 슬픔, 놀람 등의 느낌을 표현하는 문장이다

얼마나 예쁜지!

How pretty!

하우 프리티

*감탄문은 주어와 동사를 생략해도 의미가 통한다

얼마나 비싼지!

How expensive!

하우 익스펜시브

*감탄문은 하나의 단어로도 감탄문을 표현할 수 있다

어쩜 이렇게 사랑스러운지!

How lovely!

하우 러블리

How + 형용사[부사](주어+동사)!

그녀는 얼마나 빨리 뛰는지!

How fast she runs!

하우 패슷 쉬 런스

정말 지루한 영화야!

How boring this movie is!

하우 보링 디스 무비 이즈

세 번 쓰고 외우기

말하기

How cute!

How pretty!

How expensive!

How lovely!

How fast she runs!

How boring this movie is!

Conversation

A: Look! How beautiful it is!
B: Wow! They fly up to the sky!

이것 좀 봐요! 정말 너무 아름다워요.
와! 그들이 하늘로 날아올라요!

의미 확인하면서 읽기

듣기

날씨 정말 좋은데!

What a nice day!

와러 나이스 데이

*감탄사를 이용하기도 하지만, How, What으로 시작하기도 한다

얼마나 귀여운 인형인가!

What a cute doll (it is)!

와러 큐트 돌 (잇 이즈)

What + a(an) + 형용사 + 명사 + (주어+동사)!

정말 사랑스러운 소녀야!

What a lovely girl!

와러 러블리 걸

저 차는 정말 작은걸!

What a tiny car (it is)!

와러 타이니 카ㄹ (잇 이즈)

개들이 어찌나 큰지!

What big dogs (they are)!

왓 빅 독스 (데이 알)

*감탄문은 평서문 뒤에 느낌표만 붙이는 방법도 있다

정말 흥미로운 경기인걸!

What an interesting game (it is)!

와런 인터레스팅 게임 (잇 이즈)

세 번 쓰고 외우기

말하기

✎ What a nice day!

✎ What a cute doll (it is)!

✎ What a lovely girl!

✎ What a tiny car (it is)!

✎ What big dogs (they are)!

✎ What an interesting game (it is)!

Conversation

A: What a beautiful sight!
B: Totally!

정말 멋진 풍경이에요.
정말 그래요.

133

053 ~하세요

동사원형 ~. (명령문)

 의미 확인하면서 읽기

 듣기

조용히 해!

Be quiet!

비 콰이엇

*명령문은 상대방에게 지시하는 문장이기 때문에

창문을 여세요.

Open the window.

오픈 더 윈도우

주어인 you를 생략하고 동사로 시작한다

이쪽으로 오세요.

Come over here.

컴 오우버 히얼

울음을 그쳐요.

Stop crying.

스탑 크라잉

소금을 건네주세요.

Pass me the salt.

패스 미 더 솔트

*명령문의 앞이나 뒤에 please를 붙이면 부탁의 표현이 된다

책을 가져가세요.

Take the book.

테익 더 북

세 번 쓰고 외우기

말하기

✎ Be quiet!

✎ Open the window.

✎ Come over here.

✎ Stop crying.

✎ Pass me the salt.

✎ Take the book.

Conversation

A: Wait for me here.
B: How long do I have to wait?

여기서 기다려.
얼마나 기다려야 되나요?

135

054

~하지 마세요
Don't + 동사원형 ~. (금지 명령문)

의미 확인하면서 읽기

듣기

움직이지 마!

Don't move!

돈ㅌ 무브

*금지 명령문은 동사원형 앞에 Don't를 붙인다

아무것도 만지지 마세요.

Don't touch anything.

돈ㅌ 터치 애니씽

touch 만지다

여기로 전화하지 마세요.

Don't call me here.

돈ㅌ 콜 미 히얼

단 거 먹지 마세요.

Don't eat sweets.

돈ㅌ 잇 스윗츠

교실에서 뛰지 마세요.

Don't run in the classroom.

돈ㅌ 런 인 더 클래스룸

여기서 떠들지 마세요.

Don't make a noise here.

돈ㅌ 메익 어 노이즈 히얼

make a noise 소란을 피우다

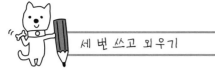

세 번 쓰고 외우기

✎ Don't move!

✎ Don't touch anything.

✎ Don't call me here.

✎ Don't eat sweets.

✎ Don't run in the classroom.

✎ Don't make a noise here.

Conversation

A: Hurry up, it's late.
B: Don't run too fast. You may fall down.
서둘러요, 늦었어요.
너무 빨리 뛰지 마. 넘어질라.

137

055

~합시다

Let's ~. (권유문)

 의미 확인하면서 읽기

 듣기

밖에 나갑시다.

Let's go out.

렛츠 고우 아웃

Let's는 Let us의 단축형 (권유의 뜻일 때)

바닷가에 갑시다.

Let's go to the beach.

렛츠 고우 투 더 비취

*Yes, No로 대답하는 경우는

야구합시다.

Let's play baseball.

렛츠 플레이 베이스볼

Yes let's do it/that 이나 앞의 동사를 되풀이한다

잠깐 쉽시다.

Let's have a break.

렛츠 햅 어 브레익

영어를 공부합시다.

Let's study English.

렛츠 스터디 잉글리쉬

우리 뭐 좀 먹을까요?

Let's eat something, shall we?

렛츠 잇 썸씽, 쉘 위

Let's 의 경우는 부가 의문문으로 shall we?를 쓴다

말하기

✎ Let's go out.

✎ Let's go to the beach.

✎ Let's play baseball.

✎ Let's have a break.

✎ Let's study English.

✎ Let's eat something, shall we?

Conversation

A: Let's go out to eat.
B: Yeah, that sounds good.
나가서 뭐 좀 먹자.
그래, 그게 좋겠어.

139

056

···은 ~해요

주어 + 동사 (1형식 문장)

 의미 확인하면서 읽기

 듣기

새들이 노래해요.

The birds sing.

더 버즈 씽

*1형식 문장은 주어와 동사만으로도 말이 되는 문장이다

나는 잠을 많이 자요.

I sleep a lot.

아이 슬립 어 랏

*1형식 동사들로는 go 가다, come 오다, return 돌아오다

아이가 울었어요.

The baby cried.

더 베이비 크라잇

smile 미소 짓다, laugh 웃다, cry 울다, walk 걷다, run 달리다

그가 웃었어요.

He laughed.

히 랩트

sleep 자다, swim 수영하다, travel 여행하다

우리는 모두 기도했어요.

We all **prayed**.

위 올 프레이드

fly 날다, sing 노래하다, dance 춤추다 등이 있다

그 기계는 잘 작동해요.

The machine works well.

더 머신 웍스 웰

세 번 쓰고 외우기

말하기

The birds sing.

I sleep a lot.

The baby cried.

He laughed.

We all prayed.

The machine works well.

Conversation

A: She smiled! She looked at me and smiled!
B: So what?

그녀가 웃었어! 그녀가 날 보고 웃었다고!
그래서 뭐?

057 …은 ~이에요[해요]

주어 + 동사 + 보어 (2형식 문장)

 의미 확인하면서 읽기

듣기

나는 학생이에요.

I am a student.

아이 엠 어 스튜던트

*2형식 문장에서 보어는 주어를 설명해주는 보충어로

그녀는 유명해요.

She is famous.

쉬 이즈 페이머스

주어와 동사만으로는 무슨 말인지 알 수 없기 때문에

그는 의사예요.

He is a doctor.

히 이즈 어 닥터

보충어를 써서 설명해주는 것으로

당신은 멍청하지 않아요.

You are not foolish.

유 알 낫 풀리쉬

보어 자리에는 명사와 형용사만 올 수 있다

그들은 부유해요.

They are rich.

데이 알 리치

그녀는 아름다워요.

She is beautiful.

쉬 이즈 뷰티플

말하기

I am a student.

She is famous.

He is a doctor.

You are not foolish.

They are rich.

She is beautiful.

Conversation

A: What exactly is your job?
B: I am an actor.

직업이 정확히 뭐예요?
나는 배우예요.

…은 ~을 ~해요
주어 + 동사 + 목적어 (3형식 문장)

의미 확인하면서 읽기

듣기

난 당신을 좋아해요.

I like you.

아이 라익 유

*3형식의 핵심은 완전타동사를 쓴다는 것인데,

나는 접시를 닦았어요.

I washed the dishes.

아이 워쉬트 더 디쉬즈

완전타동사란 반드시 목적어를 필요로 하는 동사를 말한다

그녀는 쿠키를 만들었어요.

She made cookies.

쉬 메이드 쿠키즈

목적어는 대개 '~을, ~를'로 해석한다

그는 선물을 받았어요.

He took a gift.

히 툭 어 깁트

그는 피아노를 쳤어요.

He played the piano.

히 플레이드 더 피애노우

난 그 책을 갖고 싶어요.

I want the book.

아이 원ㅌ 더 북

세 번 쓰고 외우기

🔊 말하기

✏ I like you.

✏ I washed the dishes.

✏ She made cookies.

✏ He took a gift.

✏ He played the piano.

✏ I want the book.

Conversation

A: He resembles his grandpa.
B: Yes, I think so too.

그는 할아버지를 닮았어요.
맞아요, 나도 그렇게 생각해요.

 의미 확인하면서 읽기

 듣기

그는 나에게 책을 한 권 보여주었어요.

He showed me a book.

히 쇼우드 미 어 북

*4형식에는 목적어가 두 개 등장하는데,

그녀는 나에게 쿠키를 만들어 주었어요.

She made me cookies.

쉬 메이드 미 쿠키즈

하나는 보통 '~에게'로 해석되는 간접목적어(IO)이고

그는 우리에게 영어를 가르쳐요.

He teaches us English.

히 티취즈 어스 잉글리쉬

또 하나는 '~을, ~를'로 해석되는 직접목적어이다

그녀가 나에게 선물을 주었어요.

She gave me a gift.

쉬 게이브 미 어 깁트

그들은 그녀에게 차를 사주었어요.

They bought her a car.

데이 보우트 헐 어 카ㄹ

우리는 그녀에게 크리스마스카드를 보냈어요.

We sent her a Christmas card.

위 센트 헐 어 크리스마스 카드

학습일
/

세 번 쓰고 외우기

말하기

He showed me a book.

She made me cookies.

He teaches us English.

She gave me a gift.

They bought her a car.

We sent her a Christmas card.

Conversation

A: He gave me a bunch of flowers. What does that mean?
B: That means he likes you.

그가 나에게 꽃 한 다발을 주었어요. 무슨 뜻일까요?
그거야 널 좋아한다는 뜻이지.

060 …은 ~인[하는] ~을 ~해요
주어 + 동사 + 목적어 + 목적보어 (5형식 문장)

 의미 확인하면서 읽기

 듣기

그녀는 나를 행복하게 해요.

She makes me happy.

쉬 메익스 미 해피

*목적격보어는 목적어를 보충 설명해 주는 역할을 한다

그는 그녀를 돌게 만들었어요.

He made her crazy.

히 메이드 헐 크레이지

*주어가 아닌 목적어가 주인공이 되는 문장이 5형식이다

나는 그가 친절하다고 생각해요.

I think him kind.

아이 씽크 힘 카인드

우리는 UFO가 날아가는 것을 봤어요.

We saw a UFO flying.

위 쏘어 유에포 플라잉

그들이 문을 연 채로 놔두었어요.

They left the door open.

데이 레프트 더 도어 오픈

우리는 당신이 버스정류장에 가는 것을 봤어요.

We saw you go to the bus stop.

위 쏘우 유 고 투 더 버스 스탑

148

세 번 쓰고 외우기

She makes me happy.

He made her crazy.

I think him kind.

We saw a UFO flying.

They left the door open.

We saw you go to the bus stop.

Conversation

A: Where is Jane? She was here just now.
B: I saw her running a few minutes ago.

제인 어디 있지? 금방 여기 있었는데.
조금 전에 그녀가 달려가는 걸 봤어.

PART 05

조동사

긍정문

부정문

의문문

기초 영문법 따라잡기 ➡ 조동사

1 조동사가 뭐야?

조동사는 말 그대로 **동사를 도와주는 말**로 동사만으로 뜻을 명확히 전달할 수 없을 때 조동사를 함께 사용합니다. 대표적인 조동사에는 **can**, **may**, **must**, **shall**, 앞서 배운 **will** 등이 있으며, 조동사의 용법으로 꼭 한 가지 알아둬야 할 사항은 조동사 뒤에는 반드시 **동사원형**이 온다는 것입니다.

2 가능과 허가를 나타내는 can

can 은 '~할 수 있다'라는 뜻으로 가능과 능력을 나타냅니다.

> I **can** speak English. 나는 영어를 할 줄 압니다.

이 문장을 부정문으로 만들어 볼까요? 조동사가 있는 문장은 조동사 뒤에 not를 두면 부정문이 됩니다. can not은 2개의 단어를 연결하여 cannot으로 표기하며, 일반적으로 축약형인 can't가 많이 쓰입니다.

의문문으로 만들려면 어떻게 하면 될까요? 조동사가 있는 문장은 조동사를 주어 앞으로 가져오면 됩니다.

> **Can** you speak English? 당신은 영어를 할 줄 아세요?
> → Yes, I **can**. / No, I **can't**.

can의 두 번째 의미는 '~해도 된다'라는 허가를 나타내기도 합니다.

> You **can** borrow this book. 이 책을 빌려가도 괜찮습니다.

의문문은 '~해도 됩니까?'라는 뜻으로 허가를 구하는 표현이 됩니다.

> **Can I** borrow this book? 이 책을 빌려가도 됩니까?

또한, can은 '~일(할)지도 모른다'라는 뜻으로 추측을 나타내기도 합니다.

> It **can** be true. 그것은 사실일지도 모릅니다.
> It **cannot** be true. 그것은 사실일 리가 없습니다.

can의 과거형 could는 본래 '~할 수 있었다'라는 과거의 일을 나타내지만, Could you~?라는 형태의 의문문은 '~해 주시겠습니까?'라는 정중한 의뢰를 나타냅니다.

> **Could you** carry my baggage? 제 짐을 옮겨 주시겠습니까?

3 허가와 추측과 의무를 나타내는 may와 must

조동사 may가 가장 많이 쓰이는 것은 '~해도 됩니까?'의 뜻으로 허가를 구하는 May I ~? / May we ~?의 패턴입니다. Can I ~?도 허가를 구하는 표현이지만, May I ~?가 더 정중한 표현입니다.

May I sit here? 여기에 앉아도 되겠습니까?

또한 May I ~?의 질문에 대해서 Yes, you may. / No, you may not.이라고 대답하면 윗사람이 아랫사람에게 대해서 허가하는 듯한 뉘앙스가 되므로 이것을 피하기 위해 다음과 같이 대답합니다.

May I borrow this book? 이 책을 빌려가도 되겠습니까?

→ Certainly. / Sorry, but you can't.

may는 '~일(할)지도 모른다'라는 추측의 의미로도 많이 쓰입니다.

That **may** be a good idea. 그건 좋은 생각일지도 모릅니다.

must는 '~해야 한다'라는 의무와, '~임에 틀림없다'라는 강한 추측을 나타내기도 합니다.

You **must** follow the rules. 당신은 규칙을 지켜야 합니다.
Susan **must** be angry. 수잔은 화가 나 있음에 틀림없습니다.

may not도 '~하면 안 된다'라는 뜻으로 금지를 나타내지만, must not이 더 보다 강한 금지를 나타냅니다.

You **must not** smoke here. 여기서 담배를 피우면 안 됩니다.

4 의향과 권유와 의무를 나타내는 shall과 should

shall은 주로 Shall I ~?, Shall we ~?의 의문형으로 쓰이며, 의향이나 권유를 나타냅니다.

Shall I bring you something to drink? 마실 것을 드릴까요?

→ Yes, please. / No, thank you.

Shall we go out for a drink? 함께 마시러 갈래요?

→ Yes, let's. / No, let's not.

should는 '~해야 한다'와 '~하는 게 좋다'라는 의무를 나타냅니다.

We **should** work together. 우리는 협력해야 합니다.

should의 부정형 should not(shouldn't)은 '~하면 안 된다'라는 금지의 의미가 됩니다.

061 ···은 ~할 수 있어요

주어 + can ~. (can 긍정문)

 의미 확인하면서 읽기

 듣기

그녀는 춤 출 수 있어요.

She can dance.

쉬 캔 댄스

can은 '~할 수 있다'는 가능의 뜻을 나타낸다

나는 운전할 수 있어요.

I can drive a car.

아이 캔 드라입 어 카르

*can은 조동사이므로 뒤에 동사원형이 와야 한다

그 아이는 말을 할 수 있어요.

The baby can speak.

더 베이비 캔 스픽

우리는 수영을 아주 잘 해요.

We can swim very well.

위 캔 스윔 베리 웰

그들은 아주 빨리 달릴 수 있어요.

They can run very fast.

데이 캔 런 베리 패스트

그는 영어를 유창하게 말할 수 있어요.

He can speak English fluently.

히 캔 스픽 잉글리쉬 플루언틀리

fluently 유창하게, 술술

세 번 쓰고 외우기

✏ She can dance.

_____

_____

✏ I can drive a car.

_____

_____

✏ The baby can speak.

_____

_____

✏ We can swim very well.

_____

_____

✏ They can run very fast.

_____

_____

✏ He can speak English fluently.

_____

_____

Conversation	
	A: Ostriches can run faster than leopards. B: Is that so? 타조는 표범보다 빨리 달릴 수 있어요. 그래요?

155

…은 ~할 수 없어요[못해요]

주어 + can't ~. (can 부정문)

의미 확인하면서 읽기

듣기

그녀는 춤 못 춰요.

She can't dance.

쉬 캔ㅌ 댄스

can't은 can not의 축약형이다

나는 운전 못해요.

I can't drive a car.

아이 캔ㅌ 드라입 어 카ㄹ

그 아기는 아직 말을 못해요.

The baby can't speak yet.

더 베이비 캔ㅌ 스픽 옛

yet 아직

우리는 수영을 못해요.

We can't swim.

위 캔ㅌ 스윔

그들은 빨리 달리지 못해요.

They can't run fast.

데이 캔ㅌ 런 패스트

그는 영어를 유창하게는 말하지 못해요.

He can't speak English fluently.

히 캔ㅌ 스픽 잉글리쉬 플루언틀리

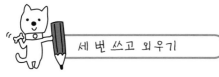

세 번 쓰고 외우기

말하기

✎ She can't dance.

✎ I can't drive a car.

✎ The baby can't speak yet.

✎ We can't swim.

✎ They can't run fast.

✎ He can't speak English fluently.

Conversation

A: Can you swim well?
B: No, I can't swim at all.

수영 잘 하세요?
아뇨, 난 수영을 전혀 못해요.

063 ···은 ~할 수 있어요?
Can + 주어 ~? (can 의문문)

 의미 확인하면서 읽기

 듣기

춤 출 수 있어요?

Can you dance?

캔 유 댄스

*조동사 can의 의문문도 can을 문장 앞에 둔다

운전할 수 있어요?

Can you drive a car?

캔 유 드라입 어 카르

전화를 써도 될까요?

Can I use your phone?

캔 아이 유즈 유얼 폰

펜 빌려줄 수 있어요?

Can I borrow your pen?

캔 아이 바로우 유얼 펜

borrow 빌리다

그게 사실일까요?

Can it be true?

캔 잇 비 트루

true 사실인, 참인

그들은 빨리 달릴 수 있을까요?

Can they run fast?

캔 데이 런 패스트

세 번 쓰고 외우기

말하기

✎ Can you dance?

✎ Can you drive a car?

✎ Can I use your phone?

✎ Can I borrow your pen?

✎ Can it be true?

✎ Can they run fast?

Conversation

A: Can I take your chair?
B: Yes, you can.
의자를 가져가도 될까요?
네, 그러세요.

064 ···은 ~해도 돼요/~일지도 몰라요/아마 ~일 거예요

주어 + may ~. (may 긍정문)

의미 확인하면서 읽기

 듣기

그것은 진실일지도 몰라요.

It may be true.

잇 메이 비 트루

*may는 (가능성을 나타내어) ~일지도 모른다[~일 수도 있다]

아마 당신이 맞을 거예요.

You may be right.

유 메이 비 롸잇

right 옳은

그는 부자일지도 몰라요.

He may be rich.

히 메이 비 리치

rich 부자

그녀는 아마 오늘 올 거예요.

She may come today.

쉬 메이 컴 투데이

내 펜을 써도 돼요.

You may use my pen.

유 메이 유즈 마이 펜

그는 아플지도 몰라요.

He may be sick.

히 메이 비 씩

sick 아픈

세 번 쓰고 외우기

말하기

✎ It may be true.

✎ You may be right.

✎ He may be rich.

✎ She may come today.

✎ You may use my pen.

✎ He may be sick.

Conversation

A: You may use my car today.
B: Really? Thank you very much, Mom!

오늘은 내 차를 써도 돼.
정말요? 정말 고마워요, 엄마!

…은 ~하면 안 돼요/~이 아닐지도 몰라요/아마 ~이 아닐 거예요

주어 + may not ~. (may 부정문)

의미 확인하면서 읽기

그것은 진실이 아닐지도 몰라요.

It may not be true.

잇 메이 낫 비 트루

may의 부정형은 may not

당신이 옳지 않을지도 몰라요.

You may not be right.

유 메이 낫 비 롸잇

*may의 과거형은 might

그는 부자가 아닐지도 몰라요.

He may not be rich.

히 메이 낫 비 리치

그녀는 아마 오늘 오지 않을 거예요.

She may not come today.

쉬 메이 낫 컴 투데이

내 펜을 쓰면 안 돼요.

You may not use my pen.

유 메이 낫 유즈 마이 펜

그것을 변경하면 안 돼요.

You may not change it.

유 메이 낫 체인지 잇

세 번 쓰고 외우기

말하기

✏ It may not be true.

✏ You may not be right.

✏ He may not be rich.

✏ She may not come today.

✏ You may not use my pen.

✏ You may not change it.

Conversation

A: You may not believe it, but that's true.
B: That's awful.

믿지 않을지 모르지만, 그것은 사실이에요.
세상에!

066 ···은 ~ 해도 될까요?

May I ~? (may 의문문)

의미 확인하면서 읽기

듣기

도와드릴까요?

May I help you?

메이 아이 핼프 유

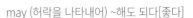

may (허락을 나타내어) ~해도 되다[좋다]

들어가도 될까요?

May I come in?

메이 아이 컴 인

외출해도 될까요?

May I go out?

메이 아이 고우 아웃

May I + 동사원형 ~? ~해도 될까요?

창문 열어도 될까요?

May I open the window?

메이 아이 오픈 더 윈도우

이 펜을 사용해도 되나요?

May I use this pen?

메이 아이 유즈 디스 펜

이름을 물어봐도 될까요?

May I ask your name?

메이 아이 애슥 유얼 네임

말하기

May I help you?

May I come in?

May I go out?

May I open the window?

May I use this pen?

May I ask your name?

Conversation

A: May I open the window?
B: Yes, you may.
창문을 열어도 될까요?
네, 그러세요.

의미 확인하면서 읽기

듣기

당신 전화를 써야겠어요.

I must use your phone.

아이 머스트 유즈 유얼 폰

must ~해야 한다, ~하지 않으면 안 된다

나는 그에게 꼭 카드를 보내야 해요.

I must send him a card.

아이 머스트 샌드 힘 어 카드

send 보내다

빨간 불일 때는 멈춰야 해요.

You must stop at a red light.

유 머스트 스탑 앳 어 레드 라잇

그들은 즉시 행동해야 해요.

They must act immediately.

데이 머스트 액트 이미디엇틀리

immediately 즉시, 즉각적으로

제 시간에 도착해야 해요.

We must arrive on time.

위 머스트 어라입 온 타임

arrive 도착하다

벌써 점심시간이 된 게 틀림없어요.

It must be lunch time already.

잇 머스트 비 런치 타임 얼레디

already 벌써, 이미

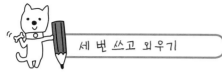

세 번 쓰고 외우기

✎ I must use your phone.

_____

_____

✎ I must send him a card.

_____

_____

✎ You must stop at a red light.

_____

_____

✎ They must act immediately.

_____

_____

✎ We must arrive on time.

_____

_____

✎ It must be lunch time already.

_____

_____

Conversation

A: We must eat to live.
B: Right you are. Let's go and have something delicious.

우리는 살기 위해 먹어야 해.
옳으신 말씀! 맛있는 거 먹으러 가자.

068 ···은 ~하면 안 돼요

주어 + must not[mustn't] ~. (must 부정문)

 의미 확인하면서 읽기

 듣기

내 전화를 쓰면 안 돼요.

You must not use my phone.

유 머스트 낫 유즈 마이 폰

must의 부정형은 must not

그들은 즉시 행동하면 안 돼요.

They must not act immediately.

데이 머스트 낫 액트 이미디엇틀리

그걸 하면 안 돼요!

You mustn't do that!

유 머슨ㅌ 두 댓

우리는 시간을 낭비하면 안 돼요.

We mustn't waste time.

위 머슨ㅌ 웨이스트 타임

waste 낭비하다, 허비하다

도서관에서 말을 해서는 안 돼요.

You must not speak in the library.

유 머스트 낫 스픽 인 더 라이브레리

library 도서관

그에게 카드를 보내면 안 돼요.

You must not send him a card.

유 머스트 낫 센드 힘 어 카드

168

말하기

✎ You must not use my phone.

✎ They must not act immediately.

✎ You mustn't do that!

✎ We mustn't waste time.

✎ You must not speak in the library.

✎ You must not send him a card.

Conversation

A: You must not press the key.
B: Oh, I'm sorry. I didn't know.

그 키를 누르시면 안 됩니다.
앗, 미안해요. 몰랐어요.

169

069 ···은 ~해야 해요?
Must + 주어 ~? (must 의문문)

 의미 확인하면서 읽기

 듣기

내가 그 사람을 만나야 해요?

Must I see him?

머스트 아이 씨 힘

*조동사 must의 의문문도 문장 맨 앞에 must를 둔다

당신은 일찍 일어나야 해요?

Must you get up early?

머스트 유 겟 업 얼리

우리는 지금 가야 해요?

Must we go now?

머스트 위 고우 나우

그녀는 수학을 공부해야 해요?

Must she study math?

머스트 쉬 스터디 매쓰

math 수학

그들은 빨간불일 때 멈춰야 해요?

Must they stop at a red light?

머스트 데이 스탑 앳 어 레드 라잇

red light 빨간신호등[정지신호]

내가 그걸 그에게 요청해야 해요?

Must I ask him that?

머스트 아이 애스크 힘 댓

세 번 쓰고 외우기

말하기

✎ Must I see him?

✎ Must you get up early?

✎ Must we go now?

✎ Must she study math?

✎ Must they stop at a red light?

✎ Must I ask him that?

Conversation

A: Must I ask him that?
B: No, you mustn't.
　내가 그걸 그에게 요청해야 해요?
　아니야, 그러면 안 돼.

171

…은 ~해야 해요

주어 + have to ~. (have to 긍정문)

 의미 확인하면서 읽기

 듣기

당신 전화를 써야겠어요.

I have to use your phone.

아이 햅 투 유즈 유얼 폰

have to (의무를 나타내어) ~해야 한다

나는 그에게 꼭 카드를 보내야 해요.

I have to send him a card.

아이 햅 투 샌드 힘 어 카드

빨간 불일 때는 멈춰야 해요.

You have to stop at a red light.

유 햅 투 스탑 앳 어 레드 라잇

↔ green light 파란불

나는 여섯 시에 일어나야 해요.

I have to get up at six.

아이 햅 투 겟 업 앳 식스

그들은 즉시 행동해야 해요.

They have to act immediately.

데이 햅 투 액트 이미디엇틀리

우리는 제 시간에 도착해야 해요.

We have to arrive on time.

위 햅 투 어라입 온 타임

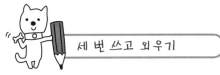

세 번 쓰고 외우기

I have to use your phone.

I have to send him a card.

You have to stop at a red light.

I have to get up at six.

They have to act immediately.

We have to arrive on time.

Conversation

A: We have to arrive on time.
B: Don't worry. We have plenty of time.

시간에 늦지 않게 도착해야 해요.
걱정 마세요. 시간 충분해요.

071 ···은 ~할 필요 없어요

주어 + don't have to ~. (have to 부정문)

 의미 확인하면서 읽기

 듣기

당신 전화를 쓸 필요 없어요.

I don't have to use your phone.

아이 돈ㅌ 햅 투 유즈 유얼 폰

don't have to ~하지 않아도 되다[~할 필요 없다]

나는 그에게 카드를 보낼 필요 없어요.

I don't have to send him a card.

아이 돈ㅌ 햅 투 샌드 힘 어 카드

당신은 제 시간에 도착할 필요 없어요.

You don't have to arrive on time.

유 돈ㅌ 햅 투 어라입 온 타임

파란 불일 때는 멈출 필요 없어요.

You don't have to stop at a green light.

유 돈ㅌ 햅 투 스탑 앳 어 그린 라잇

그들은 즉시 행동할 필요 없어요.

They don't have to act immediately.

데이 돈ㅌ 햅 투 액트 이미디엇틀리

나는 여섯 시에 일어날 필요 없어요.

I don't have to get up at six.

아이 돈ㅌ 햅 투 겟 업 앳 식스

세 번 쓰고 외우기

✎ I don't have to use your phone.

✎ I don't have to send him a card.

✎ You don't have to arrive on time.

✎ You don't have to stop at a green light.

✎ They don't have to act immediately.

✎ I don't have to get up at six.

Conversation

A: I think he's angry. What should I do now?
B: Yeah, look, you don't have to apologize to him.

그가 화난 것 같아요. 이제 어떡하죠?
그래, 있잖아, 네가 그에게 사과할 필요는 없어.

175

072	···은 ~해야 해요?
	Do[Does] +주어 + have to ~? (have to 의문문)

의미 확인하면서 읽기

 듣기

내가 그 사람을 만나야 해요?

Do I have to see him?

두 아이 햅 투 씨 힘

*have to 의문문은 주어의 인칭에 따라 문장 앞에 Do, Does를 둔다

그녀는 수학을 공부해야 해요?

Does she have to study math?

더즈 쉬 햅 투 스터디 매쓰

당신은 일찍 일어나야 해요?

Do you have to get up early?

두 유 햅 투 겟 업 얼리

그는 제 시간에 도착해야 해요?

Does he have to arrive on time?

더즈 히 햅 투 어라입 온 타임

그에게 카드를 보내야 해요?

Do I have to send him a card?

두 아이 햅 투 샌드 힘 어 카드

빨간 불일 때는 멈춰야 해요?

Do we have to stop at a red light?

두 위 햅 투 스탑 앳 어 레드 라잇

176

세 번 쓰고 외우기

말하기

🖊 Do I have to see him?

_____

_____

🖊 Does she have to study math?

_____

_____

🖊 Do you have to get up early?

_____

_____

🖊 Does he have to arrive on time?

_____

_____

🖊 Do I have to send him a card?

_____

_____

🖊 Do we have to stop at a red light?

_____

_____

Conversation

A: **Do I have to ask him that?**
B: **No, you don't.**

내가 그걸 그에게 요청해야 해요?
아니, 그럴 필요 없어.

PART 06

비교급과 최상급
it의 용법

기초 영문법 따라잡기

1 동등비교(= 원급비교)

> **as** + 형용사/부사 + **as** ~

'~만큼 …하다'라는 뜻으로 서로 동등하거나 비슷한 것을 비교하는 것을 동등비교 또는 원급비교라고 해요. 비교급 -er이나 more 를 쓰지 않고, 형용사/부사의 원급으로 쓰기 때문이죠. 뒤에 오는 비교대상은 주격으로 써야 해요.

> He is as tall as I.

원래 I am tall.에서 am tall이 생략된 형태니까요.

소유격에서 약간 헷갈릴 수 있지만 그것도 원리만 이해하면 간단해요.

> My car is as expensive as yours.

주격이 아닌 것 같죠? 왜일까요? 원래는 your car니까 yours가 된 거예요.

2 비교급과 최상급

비교급의 기본 패턴은 '비교급 + than'이에요. '~보다 더'라는 뜻이죠. 그리고 최상급의 기본 패턴은 '가장 ~한'이라는 뜻의 'the + 최상급'이에요.

3 비교급, 최상급을 만드는 방법

❶ 일반적으로 형용사와 부사의 원급에 -er, -est를 붙여서 비교급과 최상급을 만들어요.

tall - taller - tallest   fast - faster - fastest

❷ e로 끝나는 형용사와 부사는 e를 빼고 -r, -st만 붙여요.

cute - cuter - cutest   large - larger - largest

❸ 단모음+단자음으로 끝나는 형용사와 부사는 마지막 자음을 하나 더 쓰고 -er, -est를 붙여요.

thin - thinner - thinnest   big - bigger - biggest

❹ 자음+y로 끝나는 형용사와 부사는 y를 i로 바꾸고 -er, -est를 붙여요.

easy - easier - easiest   pretty - prettier - prettiest

❺ 어미가 -ful, -able, -less, -ous, -ish, -ing, -ly, -ive 등으로 끝나는 2음절 단어와 3음절어 이
상의 형용사나 부사는 more + 원급, most + 원급으로 써요.

diligent - more   diligent - most diligent

important - more   important - most important

4 it의 용법

it은 정말 어마어마하게 다양한 용도로 쓰여요. 물론 it의 기본적인 뜻은 '그것'이에요. 앞에 말한 명
사를 대신하는 대명사죠.

> There is a pen on the table. It is mine.
> 식탁 위에 펜이 하나 있어요. 그건 내 거예요. (= the pen)

그렇다고 단순히 한 단어만 대신하냐? 그렇지 않아요. it은 앞에 나온 긴 내용을 한꺼번에 받아주는
역할도 해요.

> Beauty is everywhere and it is a source of joy.
> (= Beauty is everywhere)
> 아름다움은 도처에 있고, 그것은 기쁨의 원천이 된다.

5 비인칭 주어 it

날짜, 요일, 시간, 날씨, 거리, 계절, 명암 등을 나타낼 때는 비인칭 주어 it을 써요. 그럴 땐 아무 뜻도
없기 때문에 '그것'이라고 따로 해석하지 않아요.

> It is spring now. 지금은 봄이에요.

6 가주어 it, 가목적어 it

주어나 목적어가 구나 절이라서 너무 긴 경우에는 it을 형식적인 주어나 목적어로 사용해요.

> It is not easy to study English. 영어를 공부하는 것은 쉽지 않아요.

> I found it difficult to solve the problem.
> 나는 그 문제를 해결하기 어렵다는 것을 알았어요.

···은 ~만큼 ···해요

··· as 형용사[부사] as ~. (동등비교/원급비교)

의미 확인하면서 읽기

듣기

나는 당신만큼 부자예요.

I am **as rich as** you.

아이 엠 애즈 리치 애즈 유

*as ~ as는 '~만큼 ···하다'라는 뜻으로 서로 동등하거나 비슷한 것을 비교한다

그는 나만큼 키가 커요.

He is **as tall as** me.

히 이즈 애즈 톨 애즈 미

*형용사/부사의 원급으로 쓰기 때문이 원급비교라고도 한다

나도 당신만큼 오래 잤어요.

I slept **as long as** you.

아이 슬랩 애즈 롱 애즈 유

그녀는 제인만큼 예뻐요.

She is **as pretty as** Jane.

쉬 이즈 애즈 프리티 애즈 제인

pretty 예쁜, 귀여운

바닐라는 초콜릿만큼 달아요.

Vanilla is **as sweet as** chocolate.

바닐라 이즈 애즈 스윗 애즈 초콜릿

파리는 서울만큼 커요.

Paris is **as big as** Seoul.

패리스 이즈 애즈 빅 애즈 서울

big 큰

말하기

✎ I am as rich as you.

✎ He is as tall as me.

✎ I slept as long as you.

✎ She is as pretty as Jane.

✎ Vanilla is as sweet as chocolate.

✎ Paris is as big as Seoul.

Conversation

A: Today is as cold as yesterday.
B: I just hope spring comes soon!

오늘도 어제만큼이나 춥네요.
난 그냥 봄이 빨리 왔으면 좋겠어요!

074 ···은 ~만큼 ···합니까?

··· as 형용사[부사] as ~? (동등비교의 의문문)

의미 확인하면서 읽기

 듣기

당신은 톰만큼 부자입니까?

Are you **as rich as** Tom?

알 유 애즈 리치 애즈 탐

rich 부자인

그는 나만큼 키가 큰가요?

Is he **as tall as** me?

이즈 히 애즈 톨 애즈 미

당신도 수잔만큼 오래 잤어요?

Did you sleep **as long as** Susan?

디쥬 슬립 애즈 롱 애즈 수잔

그녀는 제인만큼 예뻐요?

Is she **as pretty as** Jane?

이즈 쉬 애즈 프리티 애즈 제인

바닐라는 초콜릿만큼 달아요?

Is vanilla **as sweet as** chocolate?

이즈 바닐라 애즈 스윗 애즈 초콜릿

파리는 서울만큼 커요?

Is Paris **as big as** Seoul?

이즈 패리스 애즈 빅 애즈 서울

세 번 쓰고 외우기

 말하기

✏ Are you as rich as Tom?

✏ Is he as tall as me?

✏ Did you sleep as long as Susan?

✏ Is she as pretty as Jane?

✏ Is vanilla as sweet as chocolate?

✏ Is Paris as big as Seoul?

Conversation

A: Can you run as fast as Jim?
B: Yes, I can run as fast as him.
당신은 짐만큼 빨리 달릴 수 있나요?
예, 그만큼 빨리 달리 수 있어요.

185

 의미 확인하면서 읽기

 듣기

나는 당신만큼 부자가 아니에요

I am **not as rich as** you.

아이 엠 낫 애즈 리치 애즈 유

그는 나만큼 크지 않아요.

He is **not as tall as** me.

히 이즈 낫 애즈 톨 애즈 미

그녀는 제인만큼 예쁘지 않아요.

She is **not as pretty as** Jane.

쉬 이즈 낫 애즈 프리티 애즈 제인

바닐라는 초콜릿만큼 달지 않아요.

Vanilla is **not as sweet as** chocolate.

바닐라 이즈 낫 애즈 스윗 애즈 초콜릿

서울은 뉴욕만큼 크지 않아요.

Seoul is **not as big as** New York.

서울 이즈 낫 애즈 빅 애즈 뉴욕

나는 그를 당신만큼 좋아하지 않아요.

I do**n't** like him **as much as** you.

아이 돈ㅌ 라익 힘 애즈 머치 애즈 유

세 번 쓰고 외우기

 말하기

I am not as rich as you.

He is not as tall as me.

She is not as pretty as Jane.

Vanilla is not as sweet as chocolate.

Seoul is not as big as New York.

I don't like him as much as you.

Conversation

A: Wow! Jack is really tall, isn't he?
B: Yes, but he is not as tall as Michael Jordan.

와! 잭은 키가 정말 크네요, 그쵸?
네, 하지만 그는 마이클 조던만큼 키가 크지 않아요.

187

076 …은 ~만큼 …하지 않나요?

… not as 형용사[부사] as ~? (동등비고 부정의문문)

 의미 확인하면서 읽기

 듣기

그는 당신만큼 부자가 아닌가요?

Isn't he **as rich as** you?

이즌ㅌ 히 애즈 리치 애즈 유

그는 톰만큼 크지 않나요?

Isn't he **as big as** Tom?

이즌ㅌ 히 애즈 빅 애즈 탐

그녀는 제인만큼 예쁘지 않나요?

Isn't she **as pretty as** Jane?

이즌ㅌ 쉬 애즈 프리티 애즈 제인

바닐라는 초콜릿만큼 달지 않나요?

Isn't vanilla **as sweet as** chocolate?

이즌ㅌ 바닐라 애즈 스윗 애즈 초콜릿

서울은 뉴욕만큼 크지 않나요?

Isn't Seoul **as big as** New York?

이즌ㅌ 서울 애즈 빅 애즈 뉴욕

그는 나를 당신만큼 사랑하지 않나요?

Doesn't he love me **as much as** you?

더즌ㅌ 히 러브 미 애즈 머치 애즈 유

세 번 쓰고 외우기

말하기

Isn't he as rich as you?

_____

Isn't he as big as Tom?

_____

Isn't she as pretty as Jane?

_____

Isn't vanilla as sweet as chocolate?

_____

Isn't Seoul as big as New York?

_____

Doesn't he love me as much as you?

_____

Conversation

A: Isn't she as pretty as Jane?
B: No, she is not as pretty as Jane.

그녀는 제인만큼 예쁘지 않나요?
예, 그녀는 제인만큼 예쁘지 않아요.

189

077

…은 ~보다 더 ~해요

… -er than ~. (비교급)

 의미 확인하면서 읽기

 듣기

나는 당신보다 더 부자예요.

I am **richer than** you.

아이 엠 리처 댄 유

*비교급의 기본 패턴은 '비교급 + than(~보다 더)이다

그는 나보다 키가 더 커요.

He is **taller than** me.

히 이즈 톨러 댄 미

*비교급은 형용사와 부사의 원급에 -er을 붙인다

나는 당신보다 더 오래 잤어요.

I slept **longer than** you.

아이 슬랩 롱어 댄 유

그녀는 제인보다 더 예뻐요.

She is **prettier than** Jane.

쉬 이즈 프리티어 댄 제인

바닐라는 초콜릿보다 더 달아요.

Vanilla is **sweeter than** chocolate.

바닐라 이즈 스위터 댄 초콜릿

*자음+y로 끝나는 형용사와 부사는 y를 i로 바꾸고 -er을 붙인다

뉴욕은 서울보다 더 커요.

New York is **bigger than** Seoul.

뉴욕 이즈 비거 댄 서울

세 번 쓰고 외우기

 말하기

I am richer than you.

He is taller than me.

I slept longer than you.

She is prettier than Jane.

Vanilla is sweeter than chocolate.

New York is bigger than Seoul.

Conversation

A: I can run faster than Bolt.
B: Such a liar.

나는 볼트보다 더 빨리 달릴 수 있어.
뻥치시네.

191

078

…은 ~보다 더 ~해요?

… -er than ~? (비교급 의문문)

의미 확인하면서 읽기

듣기

당신은 나보다 더 부자예요?

Are you **richer than** me?

알 유 리처 댄 미

그녀는 제인보다 더 예뻐요?

Is she **prettier than** Jane?

이즈 쉬 프리티어 댄 제인

바닐라는 초콜릿보다 더 달아요?

Is vanilla **sweeter than** chocolate?

이즈 바닐라 스위터 댄 초콜릿

뉴욕은 서울보다 더 커요?

Is New York **bigger than** Seoul?

이즈 뉴욕 비거 댄 서울

*단모음+단자음으로 끝나는 형용사와 부사는

톰과 짐 중에 누가 더 젊어요?

Who is **younger**, Tom or Jim?

후 이즈 영거, 탐 오어 짐

마지막 자음을 하나 더 쓰고 -er을 붙인다

달과 지구 중에 어느 것이 더 커요?

Which is **bigger**, the moon or the earth?

위치 이즈 비거, 더 문 오어 더 어쓰

세 번 쓰고 외우기

✎ Are you richer than me?   ☺☺☺

_____

✎ Is she prettier than Jane?   ☺☺☺

_____

✎ Is vanilla sweeter than chocolate?   ☺☺☺

_____

✎ Is New York bigger than Seoul?   ☺☺☺

_____

✎ Who is younger, Tom or Jim?   ☺☺☺

_____

✎ Which is bigger, the moon or the earth?   ☺☺☺

_____

Conversation

A: Are you taller than Tom?
B: No, he is taller than me.
당신은 탐보다 키가 더 커요?
아뇨, 그가 나보다 키가 더 커요.

193

079

…은 가장 ~해요
… the -est ~. (최상급)

의미 확인하면서 읽기

듣기

나는 우리 반에서 가장 키가 커요.

I am **the tallest** in my class.

아이 엠 더 톨리스트 인 마이 클래스

*최상급의 기본 패턴은 '가장 ~한'이라는 뜻의 'the + 최상급'이다

그는 정말 사랑스러운 소년이에요.

He is **the sweetest** boy.

히 이즈 더 스위티스트 보이

*형용사와 부사의 원급에 -est을 붙인다

그는 세계에서 가장 부유한 사람이에요.

He is **the richest** man in the world.

히 이즈 더 리치스트 맨 인 더 월드

그 장미는 내 정원에서 가장 예쁜 꽃이에요.

The rose is **the prettiest** flower in my garden.

더 로즈 이즈 더 프리티스트 플라워 인 마이 가든

가장 짧은 쾌락이 가장 달콤하다.(속담)

The shortest pleasures are **the sweetest**.

더 쇼티스트 플레저즈 알 더 스위티스트

그녀는 모든 소녀들 중에서 가장 노래를 잘해요.

She sings **best** of all the girls.

쉬 싱즈 베스트 옵 올 더 걸스

*2음절 단어와 3음절어 이상일 경우는 more, most + 원급을 쓴다

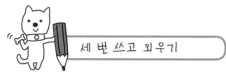

세 번 쓰고 외우기

 말하기

I am the tallest in my class.

He is the sweetest boy.

He is the richest man in the world.

The rose is the prettiest flower in my garden.

The shortest pleasures are the sweetest.

She sings best of all the girls.

Conversation

A: Do you know Usain Bolt of Jamaica?
B: Sure. He is the fastest man in the world.

자메이카의 우사인 볼트를 아세요?
물론이죠. 그는 세상에서 가장 빠른 사람이에요.

080

…은 가장 ~해요?

… the -est ~. (최상급 의문문)

의미 확인하면서 읽기

듣기

누가 반에서 가장 키가 커요?

Who is **the tallest** in your class?

후 이즈 더 톨리스트 인 유얼 클래스

세계에서 가장 부유한 사람은 누구예요?

Who is **the richest** man in the world?

후 이즈 더 리치스트 맨 인 더 월드

*자음+y로 끝나는 형용사와 부사는 y를 i로 바꾸고 -est을 붙인다

그 장미는 당신 정원에서 가장 예쁜 꽃입니까?

Is the rose **the prettiest** flower in your garden?

이즈 더 로즈 더 프리티스트 플라워 인 유얼 가든

사계절 중 어느 계절이 가장 덥습니까?

Which is **the hottest** of the four seasons?

위치 이즈 더 핫티스트 옵 더 풔 시즌즈

다섯 소녀 중에 누가 가장 예뻐요?

Who is **the most beautiful** girl of the five?

후 이즈 더 모스트 뷰우터블 걸 옵 더 파이브

모든 소녀들 중에 누가 가장 노래를 잘 부르죠?

Who sings **the best** of all the girls?

후 싱즈 더 베스트 옵 올 더 걸스

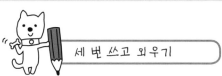 세 번 쓰고 외우기

 말하기

✎ Who is the tallest in your class?

✎ Who is the richest man in the world?

✎ Is the rose the prettiest flower in your garden?

✎ Which is the hottest of the four seasons?

✎ Who is the most beautiful girl of the five?

✎ Who sings the best of all the girls?

Conversation

A: Do you know who the richest person in the world is?
B: Well, I don't know.

세상에서 가장 부자인 사람이 누군지 아세요?
글쎄요, 잘 모르겠는데요.

081 날씨가 ~해요

It is + 날씨 ~.

 의미 확인하면서 읽기

 듣기

날씨가 더워요.

It is hot.

잇 이즈 핫

*it의 기본적인 뜻은 '그것'

날이 따뜻해요.

It's warm.

잇츠 웜

it는 앞에 말한 명사를 대신하는 대명사이다

아주 춥네요.

It's very cold.

잇츠 베리 콜드

*날씨를 말할 때는 비인칭 주어 it을 쓰며

날이 습하네요.

It's humid.

잇츠 휴미드

비인칭 주어 it은 아무 뜻도 없기 때문에

바람 부는 날입니다.

It's a windy day.

잇츠 어 윈디 데이

'그것'이라고 따로 해석하지 않는다

여기는 어둡네요.

It is dark here.

잇 이즈 다크 히얼

✏ It is hot.

✏ It's warm.

✏ It's very cold.

✏ It's humid.

✏ It's a windy day.

✏ It is dark here.

Conversation

A: **It is so cold!**
B: **Moreover, it is raining.**
날씨가 너무 추워요!
게다가 비까지 내리고 있네요.

082

~시예요

It is + 시간 ~.

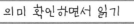
의미 확인하면서 읽기

듣기

7시예요.

It is 7 o'clock.

잇 이즈 세븐 어클락

*시간을 말할 때도 비인칭 주어 it을 쓴다

1시 10분입니다.

It is one ten.

잇 이즈 원 텐

5시 15분이에요.

It is five fifteen.

잇 이즈 파이브 핍틴

6시 30분이에요.

It is six thirty.

잇 이즈 식스 써티

9시 40분이에요.

It is nine forty.

잇 이즈 나인 포티

11시 50분이에요.

It is eleven fifty.

잇 이즈 일레븐 핍티

세 번 쓰고 외우기

말하기

It is 7 o'clock.

It is one ten.

It is five fifteen.

It is six thirty.

It is nine forty.

It is eleven fifty.

Conversation

A: What time is it now?
B: It's 12. Let's go out for lunch.
지금 몇 시예요?
12시예요. 점심 먹으러 갑시다.

201

083

~요일이에요/~일이에요

It is + 날짜, 요일, 월 ~.

의미 확인하면서 읽기

듣기

일요일이에요.

It's Sunday.

잇츠 썬데이

*요일을 말할 때도 비인칭 주어 it을 쓴다

월요일이에요.

It's Monday.

잇츠 먼데이

화요일이에요.

It's Tuesday.

잇츠 튜즈데이

수요일이에요.

It's Wednesday.

잇츠 웬즈데이

토요일이에요.

It's Saturday.

잇츠 쎄러데이

9월 1일이에요.

It's the 1st of September.

잇츠 더 퍼스트 옵 셉템버

*월을 말할 때도 비인칭 주어 it을 쓴다

학습일 /

세 번 쓰고 외우기

말하기

It's Sunday.

It's Monday.

It's Tuesday.

It's Wednesday.

It's Saturday.

It's the 1st of September.

Conversation

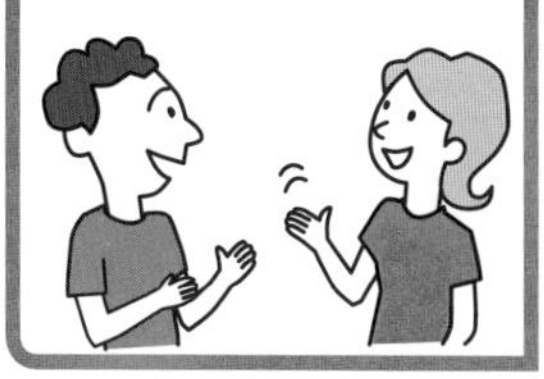

A: What day is it today?

B: It's Friday.

오늘 무슨 요일이에요?

금요일이에요.

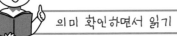
의미 확인하면서 읽기

듣기

영어로 말하는 것은 어려워요.

It is difficult **to speak English**.

잇 이즈 디피컬 투 스픽 잉글리쉬

*주어가 구나 절이라서 너무 긴 경우에도 it을 형식적인 주어로 쓴다

누군가를 미워하는 것은 쉬워요.

It is easy **to hate someone**.

잇 이즈 이지 투 해잇 썸원

hate 미워하는

수학을 공부하는 것은 중요해요.

It is important **to study Math**.

잇 이즈 임포턴트 투 스터디 매쓰

important 중요한

당신과 얘기하는 것이 멋졌어요.

It was nice **to talk with you**.

잇 워즈 나이스 투 톡 윗 유

사람을 이해하는 데는 오랜 시간이 걸려요.

It takes a long time **to understand a person**.

잇 테익스 어 롱 타임 투 언더스탠드 어 퍼슨

메일을 폴더로 구성하는 것은 쓸모가 있어요.

It's useful **to organize your mail into folders**.

잇츠 유스플 투 오거나이즈 유얼 메일 인투 폴더스

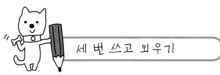

세 번 쓰고 외우기

📢 말하기

✎ It is difficult to speak English.

✎ It is easy to hate someone.

✎ It is important to study Math.

✎ It was nice to talk with you.

✎ It takes a long time to understand a person.

✎ It's useful to organize your mail into folders.

Conversation

A: It's difficult to learn a foreign language.
B: Yes, I agree.
외국어를 배우는 것은 어려워요.
나도 그렇게 생각해요.

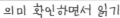
의미 확인하면서 읽기

듣기

나는 영어로 말하는 것이 어렵다고 생각해요.

I think **it** difficult **to speak English**.

아이 씽크 잇 디피컬트 투 스픽 잉글리쉬

*목적어가 구나 절이라서 너무 긴 경우에도

나는 외교관이 되는 것은 어렵다고 생각해요.

I think **it** hard **to be a diplomat**.

아이 씽크 잇 하드 투 비 어 디플러맷

it을 형식적인 목적어로 쓴다

나는 말로 하는 것이 힘들다는 것을 알았어요.

I find **it** hard **to say in words**.

아이 파인드 잇 하드 투 세이 인 워드스

나는 그 문제를 푸는 것이 쉽다는 것을 알았어요.

I found **it** easy **to solve the problem**.

아이 파운드 잇 이지 투 살브 더 프라블럼

solve 풀다, 해결하다

나는 뉴스를 보는 것이 가능하도록 만들었어요.

I made **it** possible **to watch the news**.

아이 메이드 잇 파서블 투 워치 더 뉴스

나는 6시까지 일어나는 것을 규칙으로 만들었어요.

I make **it** a rule **to get up by 6**.

아이 메이크 잇 어 룰 투 겟 업 바이 식스

rule 규칙

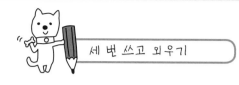

✎ I think it difficult to speak English.

✎ I think it hard to be a diplomat.

✎ I find it hard to say in words.

✎ I found it easy to solve the problem.

✎ I made it possible to watch the news.

✎ I make it a rule to get up by 6.

Conversation

A: I make it a rule to get up by 6.
B: Wow, that's a great idea.
  나는 6시까지 일어나는 것을 규칙으로 만들었어요.
  와, 그건 정말 좋은 생각이야.

PART 07

완료시제

+o부정사

동명사

사역동사

수동태

기초 영문법 따라잡기

1 to부정사

to 부정사는 'to+동사원형'의 형태로 명사, 형용사, 부사 역할을 해요. 용법을 반드시 구분해서 외울 필요는 없지만 이렇게 구분해서 공부하면 이해하기 쉽다는 장점이 있어요.

to 부정사의 명사적용법은 '~하는 것, ~하기'로 해석되고, 주어, 목적어, 보어의 자리에 온답니다.
to 부정사의 형용사적 용법은 to부정사가 명사를 수식하거나 보어로 사용되는 경우를 말해요. '~하기 위한, ~할'로 해석해요.

to 부정사의 부사적 용법은 쓰임새에 따라 해석 방법이 달라요. 목적을 나타낼 때는 '~하기 위해서', 원인을 나타낼 때는 '~하다니, ~해서', 판단의 근거를 나타낼 때는 '~하다니, ~하는 것을 보니', 결과를 나타낼 때는 '~해서 ~하다', 조건을 나타낼 때는 '만약 ~라면' 등으로 말이죠. 형용사적 용법은 무조건 명사 뒤에 오지만 부사적 용법은 다양하게 위치를 움직일 수 있다는 차이가 있지만 그래도 형용사적 용법과 부사적 용법은 서로 구별하기 어려울 때가 많아요. 그럴 때는 해석으로 구분하는 수밖에요.

2 동명사

동명사는 동사에 -ing를 붙여서 명사의 역할을 하는 준동사예요. 명사처럼 주어, 목적어, 보어 자리에 오고 전치사 뒤에도 와요. 온갖 역할을 다하는 to부정사와는 달리, 동명사는 오직 명사 역할만 해요. 쓰임새도 to부정사의 명사적 용법과 똑같구요.

3 완료시제

완료시제에는 현재완료, 과거완료, 미래완료가 있는데, 모든 완료시제는 계속, 경험, 완료, 결과의 네 가지 용법이 있어요. 기본적으로 have/has + p.p. 형태를 갖고 있는데, 과거완료는 have/has를 had로 바꾸면 되고 미래완료는 have/has를 will have로 바꾸면 된답니다. 간단하죠?

❶ 현재완료형 - 계속

과거에 시작된 일이 현재까지 지속되고 있거나 끝났다는 것을 나타내고 싶을 때 사용해요.

❷ 현재완료형 - 경험

과거에 어떤 일을 한 적이 있다거나 어떤 곳에 가본 적이 있다는 등의 경험을 나타내는 표현이에요.

❸ 현재완료형 - 완료

현재를 기준으로 과거부터 지금까지 해왔던 어떤 행동이 지금 완료되었다는 것을 나타낼 때 사용하는 형태로, 완료형 가운데에서도 가장 활용도가 높아요.

❹ 현재완료형 - 결과

과거에 한 어떤 행동이 현재에까지 영향을 미치고 있다는 것을 나타내는 표현이에요.

4 사역동사

사역동사의 종류는 make, have, let 등이 있는데, 사역동사의 가장 큰 특징은 목적격 보어로 동사원형을 쓴다는 것과 현재분사를 뒤에 쓸 수 없다는 거예요. make는 '~하게 만들다'라고 해석하며 상대에게 무언가를 강제로 시키는 뉘앙스가 있어요. have는 '~하게 하다'라고 해석하며 부탁하는 뉘앙스가 있어요. let는 '~하게 하다'라고 해석하며 허가하는 뉘앙스가 있어요.

5 지각동사

지각동사는 인간의 오감(청각, 시각, 후각, 촉각, 미각)을 나타내는 단어들을 총칭해요. 예를 들면 look at, hear, see, smell, watch, feel, listen to 등이 있는데, 사역동사와 마찬가지로 지각동사 뒤에도 동사원형이 쓰인답니다. 여기에는 비밀이 하나 숨어 있어요. 사역동사와 지각동사 뒤에 쓰이는 동사원형은 사실은 동사원형 앞에 to가 생략된 원형부정사라는 거예요.

6 수동태

주어가 자발적으로 움직이는 것을 능동태라고 한다면, 수동태는 주어가 어떤 동작의 대상이 되어 움직여지는 것을 말해요. 보통 be + p.p.으로 나타내죠. 능동태를 수동태로 바꾸는 방법은 우선 목적어를 주어 자리로 옮기고, 동사를 be + p.p.로 바꿔요. 마지막으로 주어를 끝으로 보내서 'by + 행위자' 형태로 만들어주는데 행위자가 뻔한 경우에는 생략해도 돼요.

086

~하는 것

to+동사원형 (to부정사의 명사적 용법)

의미 확인하면서 읽기

 듣기

수영하는 것은 쉬워요.

To swim is easy.

투 스윔 이즈 이지

to부정사는 to+동사원형의 형태로 명사, 형용사, 부사 역할을 한다

나는 영어 공부하는 것을 좋아해요.

I like **to study** english.

아이 라익 투 스터디 잉글리쉬

*to부정사의 명사적용법은 '~하는 것, ~하기'로 해석되고,

거짓말을 하는 것은 좋지 않아요.

To tell a lie is not good.

투 텔 어 라이즈 낫 굿

주어, 목적어, 보어의 자리에 온다

그들은 쉬고 싶어 해요.

They want **to take** a rest.

데이 원투 테익 어 레슷

rest 휴식

보는 것이 믿는 것이다.

To see is to believe.

투 씨 이즈 투 빌리브

believe 믿다

이해하는 것은 자유로워지는 것이다.

To understand is to be free.

투 언더스탠드 이즈 투 비 프리

말하기

To swim is easy.

I like to study english.

To tell a lie is not good.

They want to take a rest.

To see is to believe.

To understand is to be free.

Conversation

A: Do you like to study English?
B: Yes, I like it very much.

당신은 영어 공부하는 것을 좋아해요?
예, 무척 좋아해요.

087

~하기 위한

to+동사원형 (to부정사의 형용사적 용법)

 의미 확인하면서 읽기

 듣기

나는 믿을 친구가 필요해요.

I need a friend **to trust**.

아이 니드 어 프랜드 투 트러스트

*to부정사의 형용사적 용법은 to부정사가 명사를 수식하거나

당신에게 말할 게 있어요.

I have something **to tell** you.

아이 햅 썸씽 투 텔 유

보어로 사용되는 경우로 '~하기 위한, ~할'로 해석한다

우리는 그걸 살 돈이 없어요.

We don't have money **to buy** it.

위 돈ㅌ 햅 머니 투 바이 잇

그들은 먹을 것이 필요해요.

They need something **to eat**.

데이 니드 썸씽 투 잇ㅌ

나는 할 일이 많아요.

I have many things **to do**.

아이 햅 매니 씽즈 투 두

그녀는 의지할 친구가 없어요.

She has no friend **to rely** on.

쉬 해즈 노우 프랜드 투 릴라이 온

rely 의지하다, 믿다

214

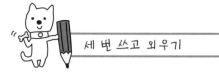
세 번 쓰고 외우기

말하기

✎ I need a friend to trust. ☺✔ ☺ ☺

✎ I have something to tell you. ☺ ☺ ☺

✎ We don't have money to buy it. ☺ ☺ ☺

✎ They need something to eat. ☺ ☺ ☺

✎ I have many things to do. ☺ ☺ ☺

✎ She has no friend to rely on. ☺ ☺ ☺

Conversation

A: I don't know how to do this alone.
B: Don't worry. There are many friends to help you.

이걸 혼자서 어떻게 해야 할지 모르겠어요.
걱정 마. 너를 도와줄 친구들이 많이 있어.

  ⑨

088

~하기 위해/~해서

to+동사원형 (to부정사의 부사적 용법)

 의미 확인하면서 읽기

 듣기

당신을 만나서 행복해요.

I'm happy **to meet** you.

아임 해피 투 밋 유

*원인을 나타낼 때는 '~하다니, ~해서'

나는 돈을 벌기 위해 열심히 일해요.

I worked hard **to earn** money.

아이 웍트 하드 투 언 머니

*목적을 나타낼 때는 '~하기 위해서'

그 소식을 듣고 그녀는 슬펐어요.

She felt sad **to hear** the news.

쉬 펠트 샛 투 히얼 더 뉴스

*판단의 근거를 나타낼 때는 '~하다니, ~하는 것을 보니'

그는 자라서 피아니스트가 되었어요.

He grew up **to be** a pianist.

히 그루 업 투 비 어 피애니스트

*결과를 나타낼 때는 '~해서 ~하다'

그들은 과일을 좀 사려고 시장에 갔어요.

They went to the market **to buy** some fruits.

데이 웬투 더 마켓 투 바이 썸 푸르츠

이 책은 이해하기 쉬워요.

This book is easy **to understand**.

디스 북 이즈 이지 투 언더스탠드

세 번 쓰고 외우기

말하기

✎ I'm happy to meet you.

✎ I worked hard to earn money.

✎ She felt sad to hear the news.

✎ He grew up to be a pianist.

✎ They went to the market to buy some fruits.

✎ This book is easy to understand.

Conversation

A: Hi, Jack. I'm happy to see you again.
B: Same here, Jane. How are you?

안녕, 잭. 다시 만나서 반가워.
나도 그래, 제인. 어떻게 지내?

217

089

~하는 것
동사-ing (동명사의 명사 역할)

보는 것이 믿는 것이다.

Seeing is believing.

씨잉 이즈 빌리빙

*동명사는 동사에 -ing를 붙여서 명사의 역할을 하는 준동사이다

건강을 지키는 것은 중요하다.

Keeping healthy is important.

키핑 핼시 이즈 임포턴트

*동명사는 오직 명사 역할만 한다

나는 테니스 하는 것을 좋아해요.

I like **playing** tennis.

아이 라익 플레잉 테니스

*쓰임새도 to부정사의 명사적 용법과 똑같다

그녀는 드라마 보는 것을 무척 좋아해요.

She loves **watching** dramas.

쉬 러브스 워칭 드라마스

책을 읽는 것은 중요해요.

Reading books is important.

리딩 북스 이즈 임포턴트

시도하는 것은 해가 되지 않아요.(= 밑져야 본전이다)

Trying wouldn't hurt.

트라잉 우든ㅌ 허트

hurt 다치게[아프게] 하다

218

세 번 쓰고 외우기

말하기

✎ Seeing is believing.

✎ Keeping healthy is important.

✎ I like playing tennis.

✎ She loves watching dramas.

✎ Reading books is important.

✎ Trying wouldn't hurt.

Conversation

A: I love reading books with my children.
B: Great! Reading books is very important for children.

난 아이들과 함께 책 읽는 것을 참 좋아해요.
훌륭해요! 책을 읽는 것은 아이들에게 아주 중요해요.

090 ···은 줄곧 ~하고 있어요

have[has] + p.p (현재완료_계속)

 의미 확인하면서 읽기

 듣기

나는 (줄곧) 아팠어요.

I **have been** ill.

아이 햅 빈 일

*현재완료_계속; 과거에 시작된 일이 현재까지 지속되고 있거나

최근에는 아주 추웠어요.

It **has been** very cold lately.

잇 해즈 빈 베리 콜드 래이틀리

끝났다는 것을 나타내고 싶을 때 사용한다

그 이후로 나는 줄곧 여기서 살았어요.

I **have lived** here ever since.

아이 햅 리브드 히얼 에버 신스

나는 10년 동안 영어를 공부해 왔어요.

I **have studied** English for ten years.

아이 햅 스터디드 잉글리쉬 풔 텐 이얼스

우리는 3년 동안 죽 친구로 지내오고 있어요.

We **have been** friends for three years.

위 햅 빈 프랜즈 풔 쓰리 이얼스

나는 그가 어린아이일 때부터 알고 지냈어요.

I **have known** him since he was a child.

아이 햅 노운 힘 신스 히 워즈 어 차일드

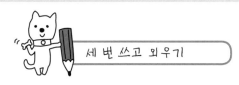

말하기

✎ I have been ill.

_____

✎ It has been very cold lately.

_____

✎ I have lived here ever since.

_____

✎ I have studied English for ten years.

_____

✎ We have been friends for three years.

_____

✎ I have known him since he was a child.

_____

Conversation

A: Jane, what are you doing?
B: I have been doing my report for 3 hours.
제인, 뭐하고 있니?
3시간째 계속 숙제 중이에요.

…은 (지금까지) ~한 적이 있어요

have[has] + p.p (현재완료_경험)

의미 확인하면서 읽기

 듣기

나는 그를 한 번 만난 적이 있어요.

I **have met** him once.

아이 햅 멧 힘 원스

*현재완료_경험; 과거에 어떤 일을 한 적이 있다거나

그들은 유럽에 간 적이 있어요.

They **have been** to Europe.

데이 햅 빈 투 유럽

어떤 곳에 가본 적이 있다는 경험을 나타내는 표현이다

우리는 전에 그를 만난 적이 없어요.

We **haven't met** him before.

위 해븐ㅌ 멧 힘 비풔

나는 그녀의 미소를 잊은 적이 없어요.

I **have** never **forgotten** her smile.

아이 햅 네버 풔가튼 헐 스마일

forget (과거의 일, 전에 알고 있던 것을) 잊다

기린을 본 적이 있으세요?

Have you ever **seen** a giraffe?

햅 유 에버 씬 어 저래프

giraffe 기린

대부분의 사람들은 이러한 법에 대해 전혀 들어본 적이 없어요.

Most people **have** never **heard** of these laws.

모스트 피플 햅 네버 허드 옵 디즈 러즈

세 번 쓰고 외우기

말하기

✎ I have met him once.

✎ They have been to Europe.

✎ We haven't met him before.

✎ I have never forgotten her smile.

✎ Have you ever seen a giraffe?

✎ Most people have never heard of these laws.

Conversation

A: She was very kind and beautiful, wasn't she?
B: Yes, since that day, I have never forgotten her smile.

그녀는 정말 아름답고 친절했어, 안 그래요?
응, 그날 이후로 난 그녀의 미소를 한시도 잊은 적이 없어요.

092 ···은 ~했어요

have[has] + p.p (현재완료_완료)

 의미 확인하면서 읽기

 듣기

방금 그녀를 만났어요.

I **have** just **met** her.

아이 햅 저슷 멧 헐

*현재완료_완료; 현재를 기준으로 과거부터 지금까지 해왔던

그는 지금 막 집에 도착했어요.

He **has** just **arrived** home.

히 해즈 저슷 어라이브드 홈

어떤 행동이 지금 완료되었다는 것을 나타낼 때 사용한다

그녀는 방금 숙제를 끝냈어요.

She **has** just **finished** her homework.

쉬 해즈 저슷 피니시트 헐 홈웍

그들은 이미 모든 음식을 다 먹었어요.

They **have** already **eaten** all the food.

데이 햅 얼레디 잇튼 올 더 푸드

나는 아직 그 책을 읽지 못했어요.

I **haven't read** the book yet.

아이 해븐ㅌ 레드 더 북 옛

신문을 다 읽으셨어요?

Have you **finished** with the paper yet?

햅 유 피니시트 윗 더 페이퍼 옛

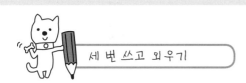

세 번 쓰고 외우기　　　　　　　　　　　　　　　　　　말하기

I have just met her.

He has just arrived home.

She has just finished her homework.

They have already eaten all the food.

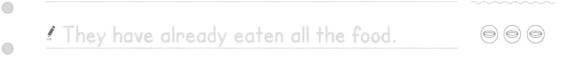
I haven't read the book yet.

Have you finished with the paper yet?

Conversation

A : Are you hungry?
B : No, I've just had lunch.
배고프니?
아니, 금방 점심 먹었어.

093 …은 ~했어요

have[has] + p.p (현재완료_결과)

 의미 확인하면서 읽기

 듣기

지갑을 잃어버렸어요.

I **have lost** my wallet.

아이 햅 로스트 마이 월릿

*현재완료_결과; 과거에 한 어떤 행동이 현재에까지

그녀는 유럽에 갔어요.

She **has gone** to Europe.

쉬 해즈 고운 투 유럽

영향을 미치고 있다는 것을 나타내는 표현이다

봄이 왔어요.

Spring **has come**.

스프링 해즈 컴

많이 컸구나!

You **have grown** up!

유 햅 그로운 업

누군가가 창문을 깨뜨렸어요.

Someone **has broken** the window.

썸원 해즈 브로큰 더 윈도우

나는 리포트를 이메일로 제출했어요.

I **have sent** my report by e-mail.

아이 햅 센트 마이 리폿 바이 이메일

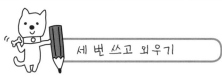

 학습일

세 번 쓰고 외우기

말하기

✎ I have lost my wallet.

✎ She has gone to Europe.

✎ Spring has come.

✎ You have grown up!

✎ Someone has broken the window.

✎ I have sent my report by e-mail.

Conversation

A: I haven't seen Jane in a while. Where did she go?
B: She has gone to Europe.

제인이 한동안 통 안 보이네요. 어디 갔어요?
유럽에 갔어요.

094

…은 ~하고 있어요
have[has] + been + -ing (현재완료 진행)

의미 확인하면서 읽기

듣기

3일 동안 계속 비가 내리고 있어요.

It **has been raining** for three days.
잇 해즈 빈 레이닝 풔 쓰리 데이즈

나는 10년 동안 영어를 공부하고 있어요.

I **have been studying** English for 10 years.
아이 햅 빈 스터딩 잉글리쉬 풔 텐 이얼스

톰은 하루 종일 텔레비전을 보고 있어요.

Tom **has been watching** TV all day.
탐 해즈 빈 워칭 티비 올 데이

*현재완료 진행은 과거의 동작이나 상황이

우리는 한 시간 동안 기다리고 있어요.

We'**ve been waiting** for an hour.
위브 빈 웨이팅 풔 언 아워

지금까지 지속되어 있는 것을 나타낸다

그녀는 지난해부터 여기에서 일하고 있어요.

She **has been working** here since last year.
쉬 해즈 빈 워킹 히얼 신스 라스트 이얼

영어 공부한 지 얼마나 되셨어요?

How long **have** you **been studying** English?
하우 롱 햅 유 빈 스터딩 잉글리쉬

 말하기

✏ It has been raining for three days.

✏ I have been studying English for 10 years.

✏ Tom has been watching TV all day.

✏ We've been waiting for an hour.

✏ She has been working here since last year.

✏ How long have you been studying English?

Conversation

A: Where have you been? I've been looking for you for the last half hour.
B: What's the matter?

어디 있었니? 지난 30분 동안 계속 찾고 있었어.
무슨 일 있어?

229

095

~했었어요/~였었어요

had + 과거분사 (과거완료)

 의미 확인하면서 읽기

 듣기

지갑을 잃어버려서 돈이 없었어요.

I had no money, I **had lost** my wallet.

아이 햇 노 머니, 아이 햇 로스트 마이 월릿

그가 돌아왔을 때 그들은 이미 떠나고 없었어요.

When he returned, they **had** already **gone**.

웬 히 리턴드, 데이 햇 얼레디 고온

우리는 이렇게 큰 도시에 와본 적이 없었어요.

We **had** never **been** to this big city before.

위 햇 네버 빈 투 디스 빅 시티 비풔

나는 그를 기다리고 있었어요.

I **had waited** for him.

아이 햇 웨이티드 풔 힘

*과거완료는 과거의 동작, 현상, 행위 등이

그는 다리를 다쳤었어요.

He **had injured** his leg.

히 햇 인쥬어드 히즈 레그

실현되었음을 나타내는 시제이다

그녀는 머리스타일을 바꿨었어요.

She **had changed** her hair styles.

쉬 햇 체인지드 헐 헤어 스타일즈

세 번 쓰고 외우기

말하기

I had no money, I had lost my wallet.

When he returned, they had already gone.

We had never been to this big city before.

I had waited for him.

He had injured his leg.

She had changed her hair styles.

Conversation

A: Why were you absent from the meeting?
B: I had injured my leg yesterday.

왜 회의에 나오지 않았어요?
어제 다리를 다쳤었어요.

096 ~일 거예요/~했을 거예요

will have[has] + 과거분사 (미래완료)

 의미 확인하면서 읽기

 듣기

내년에 나는 여기서 일한 지 2년이 돼요.

Next year I **will have worked** here for two years.

넥스트 이얼 아이 윌 햅 웍트 히얼 풔 투 이얼스

다음 달에 우리는 결혼한 지 3년이 돼요.

Next month we **will have been** married for three years.

넥스트 먼쓰 위 윌 햅 빈 매리드 풔 쓰리 이얼스

그 때까지는 그가 가고 없을 거예요.

He **will have gone** by that time.

히 윌 햅 고운 바이 댓 타임

*미래완료는 미래의 동작, 현상, 행위 등이

돌아오는 이번 주 금요일까지는 그 일을 끝낼 거예요.

I **will have finished** by this Friday.

아이 윌 햅 피니쉬트 바이 디스 프라이데이

막 끝남을 나타내는 시제이다

우리가 거기에 도착하면 영화는 벌써 시작했을 거예요.

The movie **will** already **have started** when we go there.

더 무비 윌 얼레디 햅 스타티드 웬 위 고우 데얼

나는 오늘부터 3일 후에는 이미 등록을 끝낼 거예요.

I **will have registered** after three days from now.

아윌 햅 레지스터드 애프터 쓰리 데이즈 프럼 나우

세 번 쓰고 외우기

 말하기

学习일 /

✎ Next year I will have worked here for two years.

✎ Next month we will have been married for three years.

✎ He will have gone by that time.

✎ I will have finished by this Friday.

✎ The movie will already have started when we go there.

✎ I will have registered after three days from now.

Conversation

A: When do you think you'll have it finished?
B: I will have it finished by this Friday.
그걸 언제 끝낼 수 있을 것 같아요?
돌아오는 이번 주 금요일까지는 끝낼 거예요.

233

의미 확인하면서 읽기

듣기

나는 그에게 방을 청소하게 했어요.

I **made** him **clean** the room.

아이 메이드 힘 클린 더 룸

*make는 상대에게 무언가를 강제로 시키는 뉘앙스가 있다

나는 그가 방을 청소하게 했어요.

I **have** him **clean** the room.

아이 햅 힘 클린 더 룸

*have는 '~하게 하다'라고 해석하며 부탁하는 뉘앙스가 있다

나는 그가 방을 청소하게 (허락)했어요.

I **let** him **clean** the room.

아이 렛 힘 클린 더 룸

*let은 '~하게 하다'라고 해석하며 허가하는 뉘앙스가 있다

그녀는 그에게 컴퓨터를 고치게 만들었어요.

She **made** him **repair** her computer.

쉬 메이드 힘 리페어 헐 컴퓨터

그녀는 그에게 컴퓨터를 고치게 했어요.

She **had** him **repair** her computer.

쉬 햇 힘 리페어 헐 컴퓨터

repair 수리하다, 고치다

그는 아이들에게 텔레비전을 보게 (허락)했어요.

He **let** his children **watch** TV.

히 렛 히즈 췰드런 워치 티비

세 번 쓰고 외우기

말하기

🖊 I made him clean the room.

🖊 I have him clean the room.

🖊 I let him clean the room.

🖊 She made him repair her computer.

🖊 She had him repair her computer.

🖊 He let his children watch TV.

Conversation

A: Please don't leave me alone.
B: Please let me go.
제발 나 혼자 두고 가지 마!
제발 가게 해줘.

의미 확인하면서 읽기

듣기

나는 그들이 수영장에서 헤엄치는 것을 봤어요.

I **saw** them **swim** in the pool.

아이 쏘 댐 스윔 인 더 풀

*사역동사와 마찬가지로 지각동사 뒤에도 동사원형이 쓰인다

넌 그가 노래 부르는 것을 들었니?

Did you **hear** him **sing** a song?

디쥬 히어 힘 싱 어 송

*사역동사와 지각동사 뒤에 쓰이는 동사원형은 사실은

나는 누군가 나를 따라오는 것을 느꼈어요.

I **felt** someone **follow** me.

아이 펠트 썸원 팔로우 미

동사원형 앞에 to가 생략된 원형부정사이다

넌 양들이 먹고 잠자는 것을 지켜보아야 해.

You must **watch** the sheep **sleep** and eat.

유 머스트 워치 더 쉽 슬립 앤 잇ㅌ

너는 집이 지금 막 흔들린 것을 느꼈니?

Did you **feel** the house **shake** just now?

디쥬 필 더 하우스 쉐익 저스트 나우

나는 멀리서 누군가가 소리치는 것을 들었어요.

I **heard** someone **shout** in the distance.

아이 허ㄹ드 썸원 샤웃 인 더 디스턴스

세 번 쓰고 외우기

말하기

I saw them swim in the pool.

Did you hear him sing a song?

I felt someone follow me.

You must watch the sheep sleep and eat.

Did you feel the house shake just now?

I heard someone shout in the distance.

Conversation

A: Did you hear him sing a song?
B: No, I didn't hear it.

그가 노래 부르는 것을 들었어요?
아뇨, 못 들었어요.

…은 ~에 의해서 ~되었어요
주어 + be동사 + 과거분사 + by ~. (수동태 긍정문)

 의미 확인하면서 읽기

 듣기

그 케이크는 나에 의해 만들어졌어요(내가 만들었어요).

The cake is made by me.

더 케익 이즈 메이드 바이 미

*수동태는 주어가 어떤 동작의 대상이 되어 움직여지는 것을 말한다

선물이 그에 의해 주어졌어요(그가 선물을 주었어요).

A gift is given by him.

어 깁트 이즈 기븐 바이 힘

이 집은 1930년에 지어졌어요.

This house was built in 1930.

디스 하우스 워즈 빌트 인 나인틴 써티

*행위자가 뻔한 경우에는 by+행위자를 생략한다

나는 시카고에서 태어났어요.

I was born in Chicago.

아이 워즈 본 인 시카고우

고양이가 강아지한테 쫓겨다녀요.

A cat is chased by a dog.

어 캣 이즈 췌이스트 바이 어 독

그 팩스는 톰에 의해서 보내졌어요(그 팩스는 톰이 보냈어요).

The fax is sent by Tom.

더 팩스 이즈 센트 바이 탐

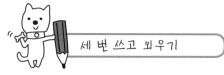

세 번 쓰고 외우기

✎ The cake is made by me.

✎ A gift is given by him.

✎ This house was built in 1930.

✎ I was born in Chicago.

✎ A cat is chased by a dog.

✎ The fax is sent by Tom.

Conversation

A: Jane is a lovely kid, isn't she?
B: Yes, she is. She was brought up by their grandmother.
제인은 사랑스러운 아이에요, 그쵸?
네, 그래요. 할머니가 그 애를 길렀어요.

239

100 ···은 ~에 의해서 ~되지 않아요

주어 + be동사 + not + 과거분사 + by ~. (수동태 부정문)

의미 확인하면서 읽기

듣기

그 케이크는 나에 의해 만들어진(내가 만든) 게 아니에요.

The cake is not made by me.

더 케익 이즈 낫 메이드 바이 미

선물이 그에 의해 주어진(그가 준) 게 아니에요.

A gift is not given by him.

어 깁트 이즈 낫 기븐 바이 힘

이 집은 1930년에 지어지지 않았어요.

This house was not built in 1930.

디스 하우스 워즈 낫 빌트 인 나인틴 써티

개는 고양이한테 쫓기지 않아요.

A dog is not chased by a cat.

어 독 이즈 낫 췌이스트 바이 어 캣

chase 뒤쫓다, 추적하다

그 팩스는 톰에 의해서 보내진(톰이 보낸) 게 아니에요.

The fax is not sent by Tom.

더 팩스 이즈 낫 센트 바이 탐

쥐는 호랑이에 의해서 사냥되지 않아요.

A rat is not hunted by a tiger.

어 랫 이즈 낫 헌티드 바이 어 타이거

hunt 사냥하다

세 번 쓰고 외우기

 말하기

✏ The cake is not made by me.

✏ A gift is not given by him.

✏ This house was not built in 1930.

✏ A dog is not chased by a cat.

✏ The fax is not sent by Tom.

✏ A rat is not hunted by a tiger.

Conversation

A: This cake tastes delicious. Did you make it?
B: No, It is not made by me.
이 케이크 정말 맛있네요. 당신이 만들었어요?
아뇨, 그건 내가 만든 게 아니에요.

241

…은 ~에 의해서 ~되었어요?

be동사 + 주어 + 과거분사 + by ~? (수동태 의문문)

 의미 확인하면서 읽기

 듣기

그 케이크는 당신에 의해 만들어졌나요(당신이 만들었어요)?

Is the cake made by you?

이즈 더 케익 메이드 바이 유

선물이 그에 의해 주어졌어요(그가 준 거예요)?

Is a gift given by him?

이즈 어 깁트 기븐 바이 힘

이 집은 1930년에 지어졌어요?

Was this house built in 1930?

워즈 디스 하우스 빌트 인 나인틴 써티

built 세우다, 짓다

고양이는 개한테 쫓겨 다녀요?

Is a cat chased by a dog?

이저 캣 췌이스드 바이 어 독

팩스는 톰에 의해 보내졌나요(톰이 보냈나요)?

Is the fax sent by Tom?

이즈 더 팩스 센트 바이 탐

send 보내다

쥐는 호랑이에 의해서 사냥되나요?

Is a rat hunted by a tiger?

이즈 어 랫 헌티드 바이 어 타이거

말하기

Is the cake made by you?

Is a gift given by him?

Was this house built in 1930?

Is a cat chased by a dog?

Is the fax sent by Tom?

Is a rat hunted by a tiger?

Conversation

A: Is the email sent by Tom?
B: No, I sent it.
이메일은 톰이 보냈나요?
아뇨, 제가 보냈습니다.

243

기초 영문법 따라잡기 ➡ be동사 am, ar, is 사용법

▶ 주어가 단수(한 사람/하나)일 때

나	I	am	happy.	나는 행복하다.
당신	You	are	tall.	너는 키가 크다.
나·당신 이외의 사람과 물건	He		busy.	그는 바쁘다.
	She		pretty.	그녀는 귀엽다.
	It		a desk.	그것은 책상이다.
	Tom		a singer.	톰은 가수이다.
	Mary	is	a teacher.	메리는 선생이다.
	My father		a doctor.	나의 아버지는 의사이다.
	This		my bag.	이것은 내 가방이다.
	Our dog		white.	우리 개는 하얗다.
	Your house		big.	당신의 집은 크다.

▶ 주어가 복수(두 사람/두 개 이상)일 때

우리들	We		happy.	우리는 행복하다.
당신들	You		tall.	당신들은 키가 크다.
나·당신 이외의 사람들과 물건	They		busy.	그들은 바쁘다.
	Tom and Mary		singers.	톰과 메리는 가수이다.
	My parents	are	teachers.	나의 부모는 선생님이다.
	Those		elephants.	그것들은 코끼리이다.
	Her dogs		cute.	그녀의 개는 귀엽다.
	These apples		sweet.	이 사과들은 달다.

* am, are, is는 'be동사'라고 하는 동사의 활용형으로 영어에는 두 가지 동사 형태가 있습니다.
  하나는 위의 'be동사'이고, 다른 하나는 동작이나 작용, 상태를 나타내는 '일반동사'가 있습니다.

▶ 단수(한 사람/하나)일 때

	~은(는)	~의	~을(를)	~의 것
나	I	my	me	mine
당신	you	your	you	yours
그	he	his	him	his
그녀	she	her	her	hers
그것	it	its	it	—

▶ 복수(두 사람/두 개 이상)일 때

	~은(는)	~의	~을(를)	~의 것
우리들	we	our	us	ours
당신들	you	your	you	yours
그들	they	their	them	theirs
그녀들				
그것들				

▶ 참고

	~은(는)	~의	~을(를)	~의 것
Tom	Tom	Tom's	Tom	Tom's
Mary	Mary	Mary's	Mary	Mary's

* '~은(는)'은 주격, '~의'는 소유격, '~을(를)'은 목적격, '~의 것'은 소유대명사라고 합니다.

Whose pen is that?
저건 누구 펜이야?

It's mine.
내 것이야.

기초 영문법 따라잡기 ➡ 전치사

▶ 기본적인 전치사

in ~(안)에   She live **in** the Seoul. 그녀는 서울에 살고 있습니다.

on ~의 위에   Apple is **on** the table. 사과는 테이블 위에 있습니다.

under ~의 아래에   Bag is **under** the desk. 가방은 책상 아래에 있습니다.

to ~에, 으로   Come **to** here. 이리 오세요.

at ~에(시간)   School will be over **at** three. 학교는 3시에 끝납니다.

before ~의 앞에   Look well **before** you cross the road. 길을 건너기 전에 잘살피세요.

after ~의 후에   Let's play baseball **after** lunch. 점심을 먹은 후에 야구를 합시다.

by ~으로(교통수단)   I go to school **by** subway. 지하철을 타고 학교에 갑니다.

near ~의 근처에   She lives **near** the park. 그녀는 공원 근처에 삽니다.

with ~와(함께)   Do you want to boogie **with** me? 저와 춤추시겠어요?

about ~에 대해서   Let's talk **about** the problem. 그 문제에 대해 이야기합시다.

for ~을 위해서   Save it **for** a rainy day. 만일을 위해 남겨두다

from ~에게(부터)   It was **from** my boy friend. 그건 제 남자 친구가 준 거에요.

of ~의   I'm one **of** members of senate. 나는 의회의 회원입니다.